Reihe Verwaltungsrecht · Band 8

Neubauten in der Landwirtschaftszone

Dargestellt an der Frage nach dem gesetzgeberischen Spielraum der Kantone im schweizerischen Raumplanungsrecht

Peter M. Keller
Dr.iur., Fürsprecher, Bern

Verlag Rüegger

Berner Dissertation

© Verlag Rüegger CH-7214 Grüsch 1987
ISBN 3 7253 0307 X

Vorwort

Meinem Vater Dr. oec. Arthur Fred Keller, der neuen Ideen der jungen Generation stets offen gegenüberstand und mein Interesse an politischen und gesellschaftlichen Fragestellungen weckte, widme ich diese Arbeit.

Herrn Prof. Dr. Fritz Gygi danke ich für den grossen Freiraum, den er mir als Assistent am Seminar für öffentliches Recht der Universität Bern einräumte. Insbesondere stellt es keine Selbstverständlichkeit dar, dass die vorliegende Dissertation vollumfänglich während der Arbeitszeit am Institut niedergelegt werden konnte.

Herrn Prof. Dr. Ulrich Zimmerli verdanke ich die Anregung, das gewählte Thema an der Frage nach dem gesetzgeberischen Spielraum der Kantone im schweizerischen Raumplanungsrecht abzuhandeln.

Mancher wichtiger Gedanke entsprang Gesprächen mit den Assistentinnen und Assistenten aller Abteilungen des Seminars für öffentliches Recht der Universität Bern. Deren freundschaftliche Mitarbeit war mir stets Motivation, mich für die Arbeit an der Universität einzusetzen.

Bern, im Juli 1987

Inhaltsverzeichnis

Gesetzliche Grundlagen	4
Literatur	6
Abkürzungen	13

1. VERFASSUNGSRECHTLICHE VORGABEN
1.1. Grundsatzgesetzgebung — 15
1.2. Die zweckmässige Nutzung des Bodens — 16
1.3. Insbesondere Bauten in der Landwirtschaftszone — 16
1.4. Zusammenfassung — 17

2. DIE LANDWIRTSCHAFTSZONE
2.1. Der Begriff der Landwirtschaftszone — 18
    a) Positive Umschreibung der Landwirtschaftszone — 18
    b) Negative Umschreibung der Landwirtschaftszone — 20
    c) Spielräume der Kantone bezüglich der gesetzlichen Umschreibung der Landwirtschaftszone — 22
    aa) Abstellen auf tatsächliche Verhältnisse — 22
    bb) Eignungskriterien — 24
    cc) Umschreibung des Gesamtinteresses — 27
    dd) Land- und Forstwirtschaftszonen — 28
2.2. Landwirtschaftliche Nutzung — 30
    a) Bodenerhaltende Nutzung — 30
    b) Bereiche landwirtschaftlicher Nutzung — 35
    c) Spielräume der Kantone bezüglich der gesetzlichen Umschreibung landwirtschaftlicher Nutzung — 42
    aa) Beispielhafte Nennung von Arten landwirtschaftlicher Nutzung — 42
    bb) Gleichstellung weiterer Nutzungen mit der landwirtschaftlichen Nutzung — 42
    cc) Zulassung nur bestimmter landwirtschaftlicher Nutzungen — 45
2.3. Die Unterteilung der Landwirtschaftszone — 46
    a) Grundsätzliches — 46
    b) Unterteilungsmodelle — 47

2.4. Zusammenfassung	49
3. LANDWIRTSCHAFTLICHE OEKONOMIEBAUTEN	
3.1. Grundsätze	51
3.2. Oekonomiebauten für die Tierhaltung	56
a) Genügende eigene Futtermittelbasis	57
aa) Massstab der Futterbewertung	57
bb) Berechnung der einzelbetrieblichen Futtermittelbasis	57
cc) Erläuterung anhand der Praxis	58
b) Hofdüngerverwertung	61
c) Anforderungen des Tierschutzrechts	63
d) Sicherung der Bewilligungserfordernisse ?	64
e) Gesetzgeberische Spielräume der Kantone	65
3.3. Oekonomiebauten für landwirtschaftliche Spezialbetriebe	66
a) Garten- und Gemüsebau	67
b) Obst- und Rebbau	73
c) Gesetzgeberische Spielräume der Kantone	74
3.4. Zusammenfassung	76
4. LANDWIRTSCHAFTLICHE WOHNBAUTEN	
4.1. Grundsätze	78
4.2. Wohnraum für die abtretende Generation	84
4.3. Wohnraum für die Landwirtschaft in Berg- und Randgebieten	88
4.4. Gesetzgeberische Spielräume der Kantone	91
a) Umschreibung des Kreises der wohnraumberechtigten Personen	91
b) Wohnraum für die abtretende Generation	93
c) Dimensionierung der Wohnbauten	94
d) Zweckänderungs- und Abparzellierungsverbote	95
4.5. Zusammenfassung	97
5. STANDORTGEBUNDENE BAUTEN	
5.1. Nichtzonenkonforme Bauten	99

5.2. Der Begriff der Standortgebundenheit	100
a) Positive Standortgebundenheit	100
b) Negative Standortgebundenheit	103
c) Bedürfnisnachweis	104
5.3. Entgegenstehende überwiegende Interessen	105
5.4. Gesetzgeberische Spielräume der Kantone	108
a) Abschliessende bundesrechtliche Kompetenz ?	108
b) Kantonale Normen ohne selbständige Bedeutung	108
c) Beispiele standortgebundener Bauten	109
d) Zusätzlicher Wohnraum zur Erhaltung landwirtschaftlicher Gewerbe	111
e) Standortgebundenheit von Bauten in Streubaugebieten	112
f) Ausschluss standortgebundener Bauten	116
g) Entgegenstehende überwiegende Interessen	116
5.5. Zusammenfassung	117
6. ERGEBNIS	120
Sachregister	122

Gesetzliche Grundlagen

1. Bund

Bundesverfassung der Schweizerischen Eidgenossenschaft vom 29. Mai 1874 (BV; SR 101)

Schweizerisches Zivilgesetzbuch vom 10.Dezember 1907 (ZGB; SR 101)

Tierschutzgesetz vom 9.März 1978 (TSchG; SR 455)
Tierschutzverordnung vom 27.Mai 1981 (TSchV; SR 455.1)

Bundesgesetz über die Raumplanung vom 22.Juni 1979 (RPG; SR 700)
Verordnung über die Raumplanung vom 26.März 1986 (RPV; SR 700.1)

Bundesgesetz über den Umweltschutz (Umweltschutzgesetz) vom 7. Oktober 1983 (USG; SR 814.01)
Verordnung über umweltgefährdende Stoffe (Stoffverordnung) vom 9.Juni 1986 (StoV; SR 814.013)
Verordnung über Schadstoffe im Boden vom 9.Juni 1986 (VSBo; SR 814.12)

Bundesgesetz über den Schutz der Gewässer gegen Verunreinigung (Gewässerschutzgesetz) vom 8.Oktober 1971 (GSchG; SR 814.20)
Klärschlammverordnung vom 8.April 1981 (KSV; SR 814.225.23)

Bundesgesetz über die Förderung der Landwirtschaft und die Erhaltung des Bauernstandes (Landwirtschaftsgesetz) vom 3.Oktober 1951 (LwG; SR 910.1)

Bundesgesetz betreffend die eidgenössische Oberaufsicht über die Forstpolizei vom 11.Oktober 1902 (FPolG; SR 921.0)
Verordnung betreffend die eidgenössische Oberaufsicht über die Forstpolizei vom 1.Oktober 1965 (FPolV; SR 921.01)

2. Kantone

Appenzell-Ausserrhoden

Gesetz über die Einführung des Bundesgesetzes über die Raumplanung vom 28.April 1985 (EGzRPG AR; KSR 721.1)
Verordnung über Baubewilligungspflicht und -verfahren sowie über das Bauen ausserhalb der Bauzonen vom 25.Februar 1986 (BauV AR; KSR 721.11)

Appenzell-Innerrhoden

Baugesetz vom 28.April 1985 (BauG AI; KSR 701)
Verordnung zum Baugesetz vom 17.März 1986 (BauV AI; KSR 703)

Basel-Stadt

Hochbautengesetz vom 11.Mai 1939, in der Fassung vom 17.Oktober 1985 (HBG BS; KSR 730.100)

Bern

Baugesetz vom 9.Juni 1985 (BauG BE; KSR 721)
Bauverordnung vom 6.März 1985 (BauV BE; KSR 721.1)

Freiburg

Loi du 9 mai 1983 sur l'aménagement du territoire et les constructions (LATC FR; Bulletin officiel des Lois 1983 199-257)

Genf

Projet de loi sur l'aménagement du territoire du 27 mars 1985 (LCAT GE)

Graubünden

Teilrevision des Raumplanungsgesetzes für den Kanton Graubünden vom 20.Mai 1973 (RPG GR; Abstimmungsvorlage)
Raumplanungsverordnung für den Kanton Graubünden vom 26.November 1986 (KRVO GR)

Neuenburg

Loi cantonale sur l'aménagement du territoire du 24 juin 1986 (LCAT NE; KSR 701)

St.Gallen

Gesetz über die Raumplanung und das öffentliche Baurecht vom 6.Juni 1972, in der Fassung vom 6.Januar 1983 (BauG SG; KSR 731.1)

Uri

Baugesetz des Kantons Uri vom 10.Mai 1970, in der Fassung vom 5.April 1981 (BauG UR; KSR 40.1111)

Waadt

Loi du 4 décembre 1985 sur l'aménagement du territoire et les constructions (LATC VD; KSR 6.6)

Wallis

Gesetz vom 23.Januar 1987 zur Ausführung des Bundesgesetzes über die Raumplanung vom 22.Juni 1979 (RPG VS)

Zürich

Gesetz über die Raumplanung und das öffentliche Baurecht (Planungs- und Baugesetz) vom 7.September 1975, in der Fassung vom 20.Mai 1984 (PBG ZH; KSR 700.1)

Literatur

Heinz Aemisegger	Leitfaden zum Raumplanungsgesetz, VLP-Schriftenfolge Nr. 25, Bern 1980 (zit. Leitfaden)
-	Planungsgrundsätze, in: Das Bundesgesetz über die Raumplanung, Berner Tage für die juristische Praxis 1980, 81 - 95 (zit. Planungsgrundsätze)
-	Rechtsprobleme der landwirtschaftlichen Nutzung, in: Rechtsfragen der Nutzungsordnung in der Raumplanung, Veröffentlichungen des Schweizerischen Instituts für Verwaltungskurse an der Hochschule St.Gallen, Band 24, St.Gallen 1986, 41 - 62 (zit. Landwirtschaftliche Nutzung)
Heinz Aemisegger/ T.Wetzel	Wald und Raumplanung, VLP-Schriftenfolge Nr. 38, Bern 1985
Marco Albisetti	Planungsinstrumentarium, in: Das Bundesgesetz über die Raumplanung, Berner Tage für die juristische Praxis 1980, 29 - 40
Jean-François Aubert/ Riccardo L. Jagmetti	Die Verfassungsmässigkeit des Entwurfes vom 14.Oktober 1970 für ein Bundesgesetz über die Raumplanung, WuR 1971 132 - 197
Marius Baschung	Einführung in das Raumplanungsgesetz, in: Das Bundesgesetz über die Raumplanung, Berner Tage für die juristische Praxis 1980, 11 - 19 (zit. Einführung)
-	Die Vorschriften des eidgenössischen Raumplanungsgesetzes zum Bauen im übrigen Gebiet beziehungsweise in der Landwirtschaftszone, KPG-Bulletin 3/81 1 - 15
Ruedi Baumann	Der Vollzugsbericht zur Kleinbauerninitiative, in: Gnueg Heu dune!, Monatsbulletin der Schweizerischen Vereinigung zum Schutz der kleinen und mittleren Bauern, Sonderausgabe September 1985

R. Baumann/ W. Gerber	Die Bedeutung des eidgenössischen Raumplanungsgesetzes für die Landwirtschaft, KPG-Bulletin 3/81 16 - 28
Francesco D. A. Bertossa	Der Beurteilungsspielraum, Diss. Bern 1984
Hans Beyeler	Die Landwirtschaft in der Raumplanung, Schlussbericht der Arbeitsgruppe "Raumplanung und Landwirtschaft" des Schweizerischen Bauernverbandes, Brugg 1983
H. Bieri	Zonenkonformität von landwirtschaftlichen Betriebs- und Wohnbauten, Informationshefte BRP 2/84 5 - 7
Gotthard Bloetzer/ Robert Munz	Walderhaltungsgebot und Rodungsbewilligung, ZBl 1972 428 - 442
Bodenkundliche Gesellschaft der Schweiz (BGS)	Boden - bedrohte Lebensgrundlage ? Sol - bien vital menacé ? Aarau 1985 (zit. Boden)
-	Beurteilung und Schutz der Böden, Leitfaden zur Ausscheidung von Fruchtfolgeflächen und Landwirtschaftszonen, Zürich 1985 (zit. Beurteilung)
Christoffel Brändli	Ausnahmen von der Nutzungsordnung: Die Probleme aus der Sicht der Praxis, in: Rechtsfragen der Nutzungsordnung in der Raumplanung, Veröffentlichungen des Schweizerischen Instituts für Verwaltungskurse an der Hochschule St.Gallen, Band 24, St.Gallen 1986, 103 - 123
Roger Currat	Périmètre d'habitat rural: norme juridique de compromis, ou prescription répondant à un problème réel ? Informationshefte BRP 4/84 17 - 18
Charly Darbellay/ Philippe Chauvie/ Jacques Widmann	Bâtiments et installations conformes aux zones de culture intensive. (Interprétation de l'art. 16 LAT.), Informationshefte BRP 3/82 9 - 11
-	Zonenkonforme Bauten und Anlagen in Gebieten mit Intensivkulturen (Auslegung von Art. 16 RPG), Informationshefte BRP 3/82 25 - 26

Peter Dilger	Raumplanungsrecht der Schweiz, Zürich 1982
EJPD/BRP	Erläuterungen zum Bundesgesetz über die Raumplanung, Bern 1981
Pierre Bermane Favrod-Coune	Le sol, bien protégé ? Diss. Lausanne 1985
Paul Geiger/ Richard Weiss	Atlas der schweizerischen Volkskunde, Kommentar, Erster Teil, 7.Lieferung, Basel 1968
Fritz Gygi	Der Rechtsschutz, in: Das Bundesgesetz über die Raumplanung, Berner Tage für die juristische Praxis 1980, 67 - 79 (zit. Rechtsschutz)
-	Verwaltungsrecht. Eine Einführung. Bern 1986 (zit. Verwaltungsrecht)
Rudolf Häberli	Zur Ausscheidung von Landwirtschaftszonen, Informationshefte BRP 1/82 7 - 12
Yvo Hangartner	Die Erfüllung der Staatsaufgaben durch Bund und Kantone, ZSR 1974 I 379 - 407
-	Die Kompetenzverteilung zwischen Bund und Kantonen, Bern/Frankfurt a.M. 1974 (zit. Kompetenzverteilung)
Haimo Hess	Ortsplanungsrecht I: Allgemeines, in: Das Nachtragsgesetz zum st.gallischen Baugesetz, Veröffentlichungen des Schweizerischen Instituts für Verwaltungskurse an der Hochschule St.Gallen, Band 20, St.Gallen 1983, 23 - 55
Franz Hostettler	Das Bauen ausserhalb der Bauzonen, Artikel 24 RPG, Die Praxis der kantonalen Baudirektion gestützt auf das Bundesgesetz über die Raumplanung vom 22.Juni 1979, Schrift Nr. 82.2 des Planungsamtes des Kantons Bern, November 1982
Fritz Kilchenmann	Die planungs-, bau- und gewässerschutzrechtliche Ordnung des übrigen Gebiets und der Landwirtschaftszone, unter besonderer Berücksich-

	tigung des bernischen Rechts, Diss. Bern 1975
Karl Kümin	Oeffentlich-rechtliche Probleme des Gewässerschutzes in der Schweiz, Diss. Zürich 1973
Alfred Kuttler	Die Ausführungs- und Anschlussgesetzgebung der Kantone, in: Werdende Raumplanung, Schriftenreihe zur Orts-, Regional- und Landesplanung Nr. 19, Zürich 1974, 35 - 45 (zit. Anschlussgesetzgebung)
-	Fragen des Rechtsschutzes gemäss dem Bundesgesetz über die Raumplanung, ZBl 1982 329 - 346
Walter Laedrach	Das bernische Stöckli, Bern 1951
Martin Lendi	Grundfragen im Zusammenhang mit dem Bundesgesetz über die Raumplanung, SJZ 1980 53 - 60, 76 - 82
-	Redimensionierung der Bauzonen - Rechtsgrundlagen und Vollzug, ZBl 1985 377 - 391
Peter Ludwig	Die Wirkungen der Zuweisung zur Landwirtschaftszone, BlAR 1980 87 - 102
-	Constructions hors des zones à bâtir, Baurecht 1980 4 - 8
-	Die Bestimmungen über die Landwirtschaftszone, KPG-Bulletin 2/83 12 - 22
Dieter Meier	Nutzungspflichten des Grundeigentümers, Diss. Bern 1984
Leo Meyer/ Peter Rieder/ Urs Bernegger	Oekonomische Auswirkungen und agrarmarktpolitische Gestaltungsmöglichkeiten der "Eidgenössischen Volksinitiative für ein naturnahes Bauern - gegen Tierfabriken", Agrarwirtschaftliche Studien der ETH Zürich Nr. 19, Oktober 1985
Murezi Michael	Zonenkonform oder standortgebunden ? Zur Rechtsprechung des Bundesgerichts über Landwirtschaftsbauten, Informationshefte BRP 4/84 9 - 10

Peter Müller	Aktuelle Fragen des eidgenössischen und kantonalen Raumplanungsrechts, ZBl 1983 193 - 214
Robert Nef	Der Beitrag der Bodenpolitik zur Nutzungsplanung, in: Dokumente und Informationen zur Schweizerischen Orts-, Regional- und Landesplanung Nr. 69/70, Januar 1983, 38 - 45
Otto Pfammatter	Zulässige Bauten und Anlagen ausserhalb der Bauzonen, Diss. Fribourg 1976
Martin Pfisterer	Zonenkonforme Bauten und Anlagen in der Landwirtschaftszone, Informationshefte BRP 4/82 3 - 7
Martin Pfisterer/ Urs Geissbühler	Drei Jahre Rechtsprechung zu Artikel 24 RPG, Informationshefte BRP 2/83 3 - 8
Martin Ramisberger	Raumplanung - wozu ? Sinn und Struktur von Zielbestimmung und Planungsgrundsätzen des Bundesgesetzes über die Raumplanung, Diss. Bern 1986
Ernst Reinhardt	Grundsätze für die Zuweisung zum Landwirtschaftsgebiet und zur Landwirtschaftszone, BlAR 1980 75 - 86
Peter Saladin	Rahmengesetzgebung im Bundesstaat, ZBJV 1978 505 - 530
-	Bund und Kantone - Autonomie und Zusammenwirken im schweizerischen Bundesstaat, ZSR 1984 II 431 - 590
Werner Schärer	Zur Problematik der Waldfeststellung in der schweizerischen Forstgesetzgebung, ZBl 1986 436 - 444
Wilfried Schaumann	Gedanken zur Auslegung der neuen Verfassungsartikel über das Bodenrecht, SJZ 1970 17 - 23
Johann Martin Schmid	Aktuelle Probleme im Zusammenhang mit dem Bauen ausserhalb ausgeschiedener Bauzonen im bündnerischen Recht, in: Aktuelle Beiträge zum bündnerischen Recht, Festschrift zum 80.Geburtstag Peter Livers, Chur 1982, 119 - 135

Leo Schürmann	Wirtschaftsverwaltungsrecht, 2.Auflage, Bern 1983 (zit. Wirtschaftsverwaltungsrecht)
-	Bau- und Planungsrecht, 2.Auflage, Bern 1984 (zit. Bau- und Planungsrecht)
Christoph Steinlin	Eidgenössische und kantonale Raumplanungskompetenzen, Diss. Bern 1978
Violaine Sulliger-Jaccottet	Permis de construire et protection des eaux contre la pollution, Diss. Lausanne 1980
Urs Tschaggelar	Die Trennung des Baugebietes vom landwirtschaftlichen Kulturland nach eidgenössischem und solothurnischem Raumplanungsrecht, Diss. Bern 1986
Pierre Tschannen	Der Richtplan und die Abstimmung raumwirksamer Aufgaben, Diss. Bern 1986
Peter Tuor/ Bernhard Schnyder	Das schweizerische Zivilgesetzbuch, 10.Auflage, Zürich 1986
Klaus A. Vallender	Ausnahmen von der Nutzungsordnung - Theoretische Grundlagen, in: Rechtsfragen der Nutzungsordnung in der Raumplanung, Veröffentlichungen des Schweizerischen Instituts für Verwaltungskurse an der Hochschule St.Gallen, Band 24, St.Gallen 1986, 63 - 101
Friedrich Weber	Das Bauernstöckli, in: Planspalter 6/86, Zeitschrift der Vereinigung Planer NDS-HTL, 3 - 11
Richard Weiss	Häuser und Landschaften der Schweiz, 2.Auflage, Zürich 1973
David Werner	Probleme der Grundsatzgesetzgebung des Bundes auf dem Gebiet der Raumplanung, Diss. Zürich 1975
Aldo Zaugg	Gedanken über die Neuregelung des Bauens in der Landwirtschaftszone bei der Revision des bernischen Baugesetzes, KPG-Bulletin 4/81 21 - 30

Aldo Zaugg   Kommentar zum Baugesetz des Kantons
                    Bern vom 9.Juni 1985, Bern 1987
                    (zit. Kommentar)

Erich Zimmerlin   Baugesetz des Kantons Aargau, 2.Auf-
                    lage, Aarau 1985

In Zeitschriften publizierte Aufsätze werden mit den genauen
Fundstellen zitiert.
Weitere Literatur findet sich in den Anmerkungen.

Abkürzungen

Abs.	Absatz, Absätze
AGVE	Aargauische Gerichts- und Verwaltungsentscheide
Amtl. Bull. N	Amtliches Bulletin der Bundesversammlung - Nationalrat
Amtl. Bull. S	Amtliches Bulletin der Bundesversammlung - Ständerat
Art.	Artikel
BBl	Bundesblatt
BGE	Entscheidungen des Schweizerischen Bundesgerichts
BlAR	Blätter für Agrarrecht
BLVGE	Basellandschaftliche Verwaltungsgerichtsentscheide
BRP	Bundesamt für Raumplanung
Bsp.	Beispiel(e)
Bst	Buchstaben(n)
BVR	Bernische Verwaltungsrechtsprechung
bzw.	beziehungsweise
DGVE	Düngergrossvieheinheit(en)
E.	Erwägung(en)
EGV	Verordnung über die Entschuldung landwirtschaftlicher Heimwesen vom 16.November 1945 (SR 211.412.120)
EJPD	Eidgenössisches Justiz- und Polizeidepartement
EVD	Eidgenössisches Volkswirtschaftsdepartement
Extraits	Extraits des arrêtés du Conseil d'Etat du canton de Fribourg
f, ff	folgende, fortfolgende
GVE	Grossvieheinheit(en)
GVP	St.Gallische Gerichts- und Verwaltungspraxis
i.S.	in Sachen
i.V.m.	in Verbindung mit
Kap.	Kapitel

KPG	Kantonale Planungsgruppe Bern
KSR	Systematische Rechtssammlung des betreffenden Kantons
LGVE	Luzerner Gerichts- und Verwaltungsentscheide
Pra	Praxis des Bundesgerichts
PVG	Praxis des Verwaltungsgerichtes des Kantons Graubünden
RB	Rechenschaftsbericht des Verwaltungsgerichts des Kantons Zürich
RDAF	Revue de droit administratif et de droit fiscal
RJN	Recueil de jurisprudence neuchâteloise
resp.	respektive
S.	Seite(n)
s.	siehe
s.a.	siehe auch
SJZ	Schweizerische Juristen-Zeitung
sog.	sogenannte(r)
SR	Systematische Sammlung des Bundesrechts
V	Verordnung
vgl.	vergleiche
VLP	Schweizerische Vereinigung für Landesplanung
VPB	Verwaltungspraxis der Bundesbehörden
WuR	Wirtschaft und Recht
ZBJV	Zeitschrift des Bernischen Juristenvereins
ZBl	Schweizerisches Zentralblatt für Staats- und Gemeindeverwaltung
zit.	zitiert
ZSR	Zeitschrift für Schweizerisches Recht

1. VERFASSUNGSRECHTLICHE VORGABEN

"Der Bund stellt auf dem Wege der Gesetzgebung Grundsätze auf für eine durch die Kantone zu schaffende, der zweckmässigen Nutzung des Bodens und der geordneten Besiedlung des Landes dienende Raumplanung." (Art. 22^{quater} Abs.1 BV)

1.1. Grundsatzgesetzgebung

Die Bundesverfassung räumt dem Bund in Art. 22^{quater} Abs.1 die Kompetenz ein, Grundsätze der Raumplanung gesetzlich zu regeln. Grundlegende [1] und gesamtschweizerisch bedeutsame [2] Entscheidungen sollen mit der Schaffung von Normen des Bundesrechts gefällt werden. Mit anderen Worten sollen die Kernprobleme [3] des Raumplanungsrechts auf Bundesebene angegangen werden.

Den Kantonen soll aber das Recht verbleiben, Entscheidungen von substanziellem Gehalt [4] zu treffen, insbesondere in Bereichen, in denen sich regional angepasste und damit unterschiedliche kantonale Regelungen [5] aufdrängen.

Der Bund verfügt somit nur über beschränkte Gesetzgebungsbefugnisse [6] im Raumplanungsrecht. Dies schliesst aber nicht aus,

---

1 AGVE 1984 349; Baschung, Einführung, 12; EJPD/BRP, 55, 57; Hangartner, Kompetenzverteilung, 178; Ramisberger, 71; Saladin, ZBJV 1978 515 f, 520 ff; Saladin, ZSR 1984 II 560; Steinlin, 113 f; Werner, 67

2 Baschung, Einführung, 12; EJPD/BRP, 57; Hangartner, Kompetenzverteilung, 178; Hangartner, ZSR 1974 I 393; Steinlin, 113, 115, 127, 158; Tschaggelar, 53; Tschannen, 55

3 Steinlin, 122

4 EJPD/BRP, 55; Gygi, Rechtsschutz, 71 f; Hangartner, Kompetenzverteilung, 178; Hangartner, ZSR 1974 I 393; Müller, ZBl 1983 207; Ramisberger, 71; Saladin, ZBJV 1978 507, 513; Saladin, ZSR 1984 II 458, 560; Steinlin, 115, 127, 158, 160, 165; Werner, 68

5 AGVE 1984 349; Steinlin, 113, 115, 158, 169

6 Baschung, Einführung, 12; Hangartner, Kompetenzverteilung, 178; Saladin, ZBJV 1978 512

Teilbereiche besonderer Wichtigkeit auf Bundesebene abschliessend zu normieren [7].

1.2. Die zweckmässige Nutzung des Bodens

Raumplanung soll in erster Linie der zweckmässigen Nutzung des Bodens dienen. Dem Bundesgesetzgeber ist damit aufgetragen, zur Erreichung dieses Zieles Zonenarten zu umschreiben und die Nutzung des Bodens in den verschiedenen Zonen zu ordnen [8]. Neben der Ausscheidung von Baugebieten verlangt eine zweckmässige Nutzung des Bodens nach der Erhaltung von nicht überbautem Land, sei es als landwirtschaftliches Kulturland oder zu Schutzzwecken. Im Zentrum des eidgenössischen Raumplanungsrechts steht damit die Abgrenzung von Bau- und Nichtbaugebiet [9], anders ausgedrückt die Trennung der Zonen bodenverändernder von Zonen bodenerhaltender Nutzung (vgl. Kap. 2.2.a) hienach) [10].

1.3. Insbesondere Bauten in der Landwirtschaftszone

Der gesetzgeberische Entscheid über die Zulässigkeit von Bauten ausserhalb der Bauzonen und insbesondere in der Landwirtschaftszone hat sich zur Kernfrage bezüglich der Abgrenzung von Bau- und Nichtbauzonen entwickelt. Stellt die Trennung von Gebieten bodenverändernder und bodenerhaltender Nutzung die zentrale Frage des Raumplanungsrechts

---

[7] EJPD/BRP, 57; Kuttler, Anschlussgesetzgebung, 35; Saladin, ZBJV 1978 516, 520, 523; Saladin, ZSR 1984 II 560; Steinlin, 114 f, 122 f, 127, 159 f, 164; Tschaggelar, 53; a.M.: Aubert/Jagmetti, WuR 1971 148 und Schaumann, SJZ 1970 18 f

[8] BBl 1967 II 145, 1972 I 1456 f; Aubert/Jagmetti, WuR 1971 147 f; Kuttler, Anschlussgesetzgebung, 36; Steinlin, 22, 28, 56 f, 72, 76; Tschaggelar, 53

[9] BGE 112 Ib 74; Informationshefte BRP 2/86 13; Aubert/Jagmetti, WuR 1971 145; EJPD/BRP, 289; Gygi, Verwaltungsrecht, 350; Steinlin, 28, 76, 159; Tschaggelar, 55

[10] BBl 1978 I 1012; Baschung, Einführung, 14; EJPD/BRP, 35 ff, 82 f; Tschannen, 51 f

überhaupt dar und ermöglicht Art.22^{quater} Abs.1 BV dem Bund die alleinige Regelung von besonders wichtigen Teilbereichen des Raumplanungsrechts, so ergibt sich die <u>Kompetenz des Bundes zur abschliessenden Legiferierung</u> über die Zulässigkeit von Bauten in der Landwirtschaftszone [11].

1.4. Zusammenfassung

Die Bundesverfassung erteilt dem Bund in Art.22^{quater} Abs.1 den Auftrag zur Grundsatzgesetzgebung im Raumplanungsrecht. Zentrale Fragen dieses Rechtsgebietes sind bundesrechtlich zu regeln, während den Kantonen wichtige Spielräume politischer Entscheidung offenbleiben sollen.

Wichtigstes Ziel der Raumplanung bildet gemäss Verfassungstext die zweckmässige Nutzung des Bodens, d.h. die Bezeichnung von Baugebieten einerseits sowie die Erhaltung von unüberbautem Land andererseits.

Gesetzliche Normen über die Zulässigkeit von Bauten in Landwirtschaftszonen betreffen den wohl wichtigsten Teilbereich des Raumplanungsrechts, nämlich denjenigen der Abgrenzung von Bau- und Nichtbaugebiet. Dem Bund steht von Verfassungs wegen zu, hier allein und unter Ausschluss der Kantone gesetzgeberisch tätig zu werden.

Wie weit der Bund mit dem Erlass des Raumplanungsgesetzes vom 22.Juni 1979 (RPG; SR 700) diese Kompetenz ausgeschöpft hat, wie gross demnach die verbleibenden gesetzgeberischen Spielräume der Kantone in diesem Bereich effektiv sind, bildet Thema der vorliegenden Arbeit. Anhand dieser Fragestellung sollen die wichtigsten Probleme mit Neubauten in der Landwirtschaftszone angegangen werden.

---

[11] EJPD/BRP, 38 f; Müller, ZBl 1983 207; Steinlin, 159, 164

2. DIE LANDWIRTSCHAFTSZONE

"Landwirtschaftszonen umfassen Land, das
a. sich für die landwirtschaftliche Nutzung oder den Gartenbau eignet oder
b. im Gesamtinteresse landwirtschaftlich genutzt werden soll.

Soweit möglich werden grössere zusammenhängende Flächen ausgeschieden." (Art.16 RPG)

2.1. Der Begriff der Landwirtschaftszone

a) Positive Umschreibung der Landwirtschaftszone

Die Landwirtschaftszone dient in erster Linie dem Schutz von landwirtschaftlich und gartenbaulich geeignetem Land (Art.16 Abs.1 Bst a RPG). Geeignet erscheint zunächst Land, das sich im Hinblick auf die klimatischen Verhältnisse, die Qualität des Bodens und die Gestalt des Geländes, insbesondere mit den Mitteln der mechanisierten Bebauung, leicht bewirtschaften lässt [1]. Zu denken ist dabei einmal an fruchtbare und ebene Flächen [2]. Aber auch im Hügel- und Berggebiet sollen der Landwirtschaft und dem Gartenbau genügende Flächen erhalten bleiben [3]. Der Begriff der Geeignetheit versteht sich somit nicht in einem absoluten Sinne. Vielmehr sind auch für die betreffende Gegend relativ geeignete Flächen der Landwirtschaftszone zuzuweisen [4].

Im weiteren soll die Landwirtschaftszone Boden umfassen, der etwa zur Erhaltung einer ausreichenden eigenen Ernährungsgrund-

---

[1] BBl 1978 I 1024; Aemisegger, Leitfaden, 55; EJPD/BRP, 215 f; Reinhardt, BlAR 1980 80 ff; Tschaggelar, 103
[2] Amtl. Bull. N 1979 309 (Votum Rippstein)
[3] Amtl. Bull. N 1979 310 (Votum Friedrich)
[4] Aemisegger, Leitfaden, 55; Beyeler, 27, 45; Reinhardt, BlAR 1980 79

lage und von gewachsenen Siedlungsstrukturen in ländlichen Gebieten sowie zum Schutze der Landschaft, von Erholungsgebieten, Grünzonen und oekologischen Ausgleichsräumen, mit anderen Worten im Gesamtinteresse und damit auch aus nichtlandwirtschaftlichen öffentlichen Interessen landwirtschaftlich genutzt werden soll (Art.16 Abs.1 Bst b RPG) [5], trotzdem er nur unter erschwerten Bedingungen landwirtschaftlich nutzbar erscheint.

Wenn immer möglich sollen Landwirtschaftszonen grössere zusammenhängende Flächen umfassen (Art.16 Abs.2 RPG), damit eine rationelle Bewirtschaftung ermöglicht und Konflikte mit anderen Nutzungszonen vermieden werden. Dies schliesst allerdings kleinere Landwirtschaftszonen in Berggebieten oder zur Sicherung von Grünflächen zwischen Siedlungsräumen nicht aus [6].

Die Landwirtschaftszone dient somit einerseits der Festlegung des wesentlichsten Teils des Nichtbaugebietes und dessen Abgrenzung zum Baugebiet (Art.3 und 14 ff RPG), sowie andererseits der langfristigen Sicherung von genügenden Flächen von geeignetem Kulturland für die Landwirtschaft und den Gartenbau (Art.3 Abs.2 Bst a RPG) [7]. Diese beiden Zwecke der Landwirtschaftszone laufen weitgehend parallel. Probleme stellen sich aber gerade deshalb, weil Landwirtschaft und Gartenbau auch Bauten und Anlagen für die Bewirtschaftung ihres Landes benötigen (sog. zonenkonforme Bauten, vgl. Kap. 3 und 4 hienach). Darüberhinaus wird für bestimmte Bauten und Anlagen geltendgemacht, sie könnten nur ausserhalb der Bauzonen und damit zumeist einzig in Landwirtschaftszonen verwirklicht werden (sog. standortgebundene Bauten, vgl. Kap. 5 hienach).

---

5 BBl 1978 I 1025; Aemisegger, Leitfaden, 55; Beyeler, 28, 45 f; EJPD/BRP, 216 f; Tschaggelar, 104 f; Zaugg, Kommentar, 412

6 BBl 1978 I 1025; Aemisegger, Leitfaden, 55 f; EJPD/BRP, 222; Reinhardt, BlAR 1980 80

7 BGE 112 Ib 36 f, 50; BVR 1982 53; RJN 1982 181; Aemisegger, Leitfaden, 56

b) Negative Umschreibung der Landwirtschaftszone

Nicht in eine Landwirtschaftszone gehört zunächst Land, das einer Bauzone (Art.15 RPG) zuzuteilen ist. Der Bauzone ist Land zuzuweisen, das entweder weitgehend überbaut ist (Art.15 Bst a RPG) oder voraussichtlich innert 15 Jahren benötigt und erschlossen wird (Art.15 Bst b RPG), immer unter der Voraussetzung, dass sich das Land überhaupt für eine Ueberbauung eignet. Gerade hier ergeben sich Schwierigkeiten der Abgrenzung zwischen Bau- und Landwirtschaftszonen, eignet sich doch landwirtschaftliches Kulturland regelmässig auch für die Ueberbauung. Demgegenüber kann meist auch dort gebaut werden, wo eine Bewirtschaftung des Landes erschwert oder gar ausgeschlossen erscheint. Wertvolles Kulturland ist im Konfliktfalle der Landwirtschaftszone, schlecht bewirtschaftbares Land der Bauzone zuzuweisen (Art.1 Abs.2 Bst a und d, Art.3 Abs.2 Bst a RPG) [8]. So gehören etwa ebene Flächen eher in Landwirtschaftszonen, während am Hang gelegener Boden eher der Bauzone zuzuteilen ist. Das Kriterium der Ueberbaubarkeit spielt eine Rolle, wenn es darum geht im Sinne von Art.15 Bst b RPG festzulegen, wieviel und welches Land innert 15 Jahren benötigt und erschlossen werden soll. Weitgehend überbautes Land gemäss Art.15 Bst a RPG eignet sich dagegen schon aus Gründen der fehlenden Möglichkeit einer rationellen landwirtschaftlichen Bewirtschaftung (vgl. Art.16 Abs.2 RPG) regelmässig nicht für eine Zuweisung zur Landwirtschaftszone [9].

Neben Bau- und Landwirtschaftszonen sieht das Raumplanungsgesetz Schutzzonen (Art.17 RPG) sowie weitere, von den Kantonen näher zu umschreibende Zonen (Art.18 Abs.1 RPG) vor. Schutzzonen und allfällige weitere Nutzungszonen können selbständigen Charakter aufweisen oder andere Zonen und somit auch die Land-

---

[8] Aemisegger, Planungsgrundsätze, 93; EJPD/BRP, 101 f, 204 f; Favrod, 183

[9] Dilger, 133; Schürmann, Bau- und Planungsrecht, 159

wirtschaftszone überlagern [10]. Im weiteren kann das kantonale Recht <u>Gebiete</u> ausscheiden, deren Nutzung noch nicht bestimmt ist oder in denen eine bestimmte Nutzung erst später zugelassen wird (Art.18 Abs.2 RPG). Diese Gebiete werden zwar meist landwirtschaftlich genutzt, liegen aber ausserhalb der Landwirtschaftszone [11].

Der <u>Wald</u> wird nicht durch das Raumplanungsrecht, sondern durch das Forstpolizeirecht umschrieben und geschützt (Art.18 Abs.3 RPG) [12]. Das Bundesgesetz betreffend die eidgenössische Oberaufsicht über die Forstpolizei vom 11.Oktober 1902 (FPolG; SR 921.0) legt in Art.31 Abs.1 den Grundsatz fest, das Waldareal der Schweiz solle nicht vermindert werden. Was unter dem Begriff "Wald" zu verstehen ist, umschreibt Art.1 der Verordnung zum Forstpolizeigesetz vom 1.Oktober 1965 (FPolV; SR 921.01). Konflikte zwischen Landwirtschaftszonen und Wald können sich ergeben, wenn streitig ist, ob kleineren bewaldeten Flächen oder mit Waldbäumen oder -sträuchern bestockten Streifen und Zungen Waldeigenschaft zuzumessen ist oder nicht. Art.1 Abs.1 FPolV spricht nur von "Fläche", was - wie Abs.3 des gleichen Artikels bestätigt - die Qualifikation von Einzelbäumen als Wald ausschliesst. Zum Mass der erforderlichen Mindestfläche sowie zur rechtlichen Behandlung spezieller äusserer Erscheinungsformen von bestockten Flächen äussert sich Art.1 FPolV jedoch nicht. Das Bundesrecht räumt hier den Kantonen einen erheblichen Beurteilungsspielraum ein; die von der Praxis der kantonalen Behörden geforderten Minimalflächen wie auch die an-

---

10 Bsp. BVR 1983 383 im Gegensatz zu BVR 1985 315; BBl 1978 I 1025 f; Aemisegger, Leitfaden, 58, 62 f; EJPD/BRP, 231 f, 235; Raumplanung Schweiz 3/1979, 3 ff; Reinhardt, BlAR 1980 84; Schürmann, Bau- und Planungsrecht, 172, 175

11 BGE 109 Ib 126 ff, 110 Ib 266 f, 111 Ib 86 f; ZBl 1982 136, 1984 369, 1985 267; EJPD/BRP, 237 f

12 BGE 98 Ib 365 f, 107 Ib 355 f, 108 Ib 510, 110 Ia 92, 110 Ib 147; BBl 1978 I 1026; Aemisegger/Wetzel, 1 f, 4; EJPD/BRP, 238; Schürmann, Bau- und Planungsrecht, 176; Zaugg, Kommentar, 412

gewandten Messmethoden variieren denn auch beträchtlich [13].
Steht die Waldeigenschaft einer bestimmten Fläche fest, so gehört sie nicht in eine Nutzungszone nach Raumplanungsgesetz, also auch nicht in die Landwirtschaftszone [14].

Schliesslich ist das <u>unproduktive Land</u>, das sich weder für die landwirtschaftliche noch für eine andere Nutzung eignet, von der Landwirtschaftszone zu trennen [15]. Dies betrifft gemäss Art.664 Abs.2 des Schweizerischen Zivilgesetzbuches vom 10.Dezember 1907 (ZGB; SR 210) Felsen, Schutthalden, Firne und Gletscher [16].

Zusammenfassend lässt sich die Landwirtschaftszone negativ umschreiben als Nutzungszone, die jenes Land umfasst, das weder einer der anderen vom Raumplanungsrecht vorgesehenen Nutzungszonen (Bauzonen, Schutzzonen, weitere Zonen) oder weiteren Gebieten zuzuordnen ist und ebenfalls weder Wald noch unproduktives Land darstellt.

c) Spielräume der Kantone bezüglich der gesetzlichen Umschreibung der Landwirtschaftszone

aa) Abstellen auf tatsächliche Verhältnisse

Im Kanton Bern umfasst die Landwirtschaftszone Land, das landwirtschaftlich <u>genutzt wird</u> oder im Gesamtinteresse landwirtschaftlich genutzt werden soll (Art.80 Abs.1 BauG). In Abweichung von Art.16 Abs.1 Bst a RPG stellt damit das bernische Recht nicht auf die Eignung des Landes, sondern auf die <u>tatsächlichen</u> Gegebenheiten und die bereits bestehende Nutzungs-

---

13   BGE 107 Ib 51 f, 110 Ib 382 ff, 111 Ib 302 E.2; ZBl 1978 76 f; Aemisegger/Wetzel, 8 ff; Bertossa, 54 f; Schärer, ZBl 1986 437 ff

14   Zimmerlin, 291

15   Albisetti, 38; Reinhardt, BlAR 1980 83; Schürmann, Bau- und Planungsrecht, 177; Zaugg, Kommentar, 411 f; Zimmerlin, 291

16   Gygi, Verwaltungsrecht, 226; Zaugg, Kommentar, 412; Zaugg, KPG-Bulletin 4/81 23

ordnung ab [17]. Ist ein solches Abstellen auf die tatsächliche
Bewirtschaftung statt auf die Eignung des Landes zulässig?

Bereits der Bundesgesetzgeber geht in Art.15 Bst a RPG zur Bestimmung der Bauzonen von den tatsächlichen Verhältnissen aus, indem er das weitgehend überbaute Land der Bauzone zuweist [18]. In diesem Falle ist also nicht danach zu fragen, ob das Land allfällig zur landwirtschaftlichen Nutzung geeignet wäre.

Nichtüberbautes und für die Landwirtschaft geeignetes Land wird dagegen regelmässig auch tatsächlich landwirtschaftlich genutzt. Ausnahmen sind zwar denkbar, jedoch in der Praxis höchstens in bescheidenem Rahmen anzutreffen. Insofern deckt sich die Lösung des bernischen Gesetzgebers mit dem Bundesrecht. Geht es aber um die Abgrenzung der Landwirtschaftszone vom nichtüberbauten Teil der Bauzone (Art.15 Bst b RPG), ist ohne eine Abklärung der Eignung des Landes für die landwirtschaftliche Nutzung nicht auszukommen (vgl. Kap. 2.1.b) hievor). Soll nämlich das bessere Kulturland der Landwirtschaftszone zugewiesen werden, hat die Zonenplanung das kantonale Recht in dieser Hinsicht bundesrechtskonform auszulegen.

Neben dem tatsächlich landwirtschaftlich genutzten Land weist Art.80 Abs.1 des bernischen Baugesetzes im Gesamtinteresse landwirtschaftlich zu nutzendes Land (Art.16 Abs.1 Bst b RPG) der Landwirtschaftszone zu. Solches Land wirft wegen seiner mangelnden Eignung keine hohen landwirtschaftlichen Erträge ab und wird deshalb in aller Regel nicht ohne weiteres landwirtlich genutzt. Deshalb ist es richtig, die Zuweisung dieses Landes zur Landwirtschaftszone nicht aufgrund der tatsächlichen Verhältnisse erfolgen zu lassen.

Für die Umschreibung der Landwirtschaftszone darf das kantonale Recht somit auf tatsächliche Verhältnisse abstellen, soweit

---

17 Tagblatt des Grossen Rates des Kantons Bern 1984, Heft 1, Beilage 6 (Vortrag Baugesetz), S.12; Zaugg, Kommentar, 411; Zaugg, KPG-Bulletin 4/81 23 f

18 EJPD/BRP, 206; Schürmann, Bau- und Planungsrecht, 159

es sich dabei um zur landwirtschaftlichen Nutzung oder zum Gartenbau geeignetes Land (Art.16 Abs.1 Bst a RPG) und nicht um im Gesamtinteresse landwirtschaftlich zu nutzendes Land (Art. 16 Abs.1 Bst b RPG) handelt. Allerdings ist darauf hinzuweisen, dass für die Abgrenzung der Landwirtschaftszone vom Bauland im Sinne von Art.15 Bst b RPG auf eine Prüfung der landwirtschaftlichen Eignung des Landes nicht verzichtet werden kann.

bb) Eignungskriterien

Das Raumplanungsgesetz selbst schreibt nicht vor, wie die Eignung von Land im Hinblick auf dessen Einteilung in die Landwirtschaftszone (Art.16 Abs.1 Bst a RPG; vgl. Kap. 2.1.a) hievor) zu prüfen ist.

Dagegen legt die Verordnung über die Raumplanung vom 26.März 1986 (RPV; SR 700.1) für einen grossen Teil der für die Landwirtschaft geeigneten Gebiete Fruchtfolgeflächen fest (Art.11 Abs.1 RPV). Sie bestehen aus dem ackerfähigen Kulturland, zu welchem das Ackerland, die Kunstwiesen in Rotation sowie die ackerfähigen Naturwiesen gerechnet werden. Als Bestimmungskriterien gelten (Art.11 Abs.2 RPV):
- Klimatische Verhältnisse (Vegetationsdauer, Niederschläge)
- Beschaffenheit des Bodens (Bearbeitbarkeit, Nährstoff- und Wasserhaushalt)
- Geländeform (Hangneigung, Möglichkeit maschineller Bewirtschaftung)
- Berücksichtigung der Bedürfnisse des ökologischen Ausgleichs [19].

---

[19] Der in Art.11 Abs.1 RPV umschriebene Begriff der Fruchtfolgeflächen und die von Art.11 Abs.2 RPV genannten Eignungskriterien stützen sich inhaltlich weitgehend auf die Vollzugsanleitung "Raumplanung-Landwirtschaft" der Bundesämter für Raumplanung und Landwirtschaft vom Mai 1983, insbesondere S.2, 4 f. Vgl. dazu: EJPD/EVD, Erläuternder Bericht zur Revision der Verordnung über die Raumplanung, Mai 1985, S.5 sowie BGS, Beurteilung, S.13-20, 44-47

Der Mindestumfang der Fruchtfolgeflächen [20] und dessen Aufteilung auf die Kantone werden im Verfahren von Art.12 - 14 RPV und gestützt auf Art.19 Abs.1 Bst a und Abs.2 des Landwirtschaftsgesetzes vom 3.Oktober 1951 (LwG; SR 910.1) im Hinblick auf eine in Zeiten gestörter Zufuhr ausreichenden Versorgungsbasis des Landes (Art.11 Abs.3 RPV) festgelegt. In diesem Rahmen haben sich die Kantone an die bundesrechtlichen Eignungskriterien zur Bestimmung der Fruchtfolgeflächen zu halten.

Weitere für die Kantone in der Raumplanung verbindliche Beurteilungskriterien für Landwirtschaftsland kennt das Bundesrecht nicht [21].

Den nun in der Raumplanungsverordnung festgelegten Eignungskriterien für Fruchtfolgeflächen entspricht bereits der Kanton St. Gallen, der für die Prüfung der Eignung aller Landwirtschaftsgebiete als massgebende Kriterien insbesondere die klimatischen Verhältnisse, die Bodenqualität, die Hangneigung und die Geländeform nennt (Art.20 Abs.2 BauG).

Ein Beispiel für mögliche und mitunter auch gebotene unterschiedliche kantonale Regelungen im Raumplanungsrecht (vgl. Kap. 1.1. hievor) gibt das vom Kanton Genf verwendete einzige Kriterium, nach dem für eine Einteilung in die Landwirtschaftszone nur flaches Land ("pleine terre"; Art.20 Abs.1 LCAT) in Frage kommt. Relativ geeignet (vgl. Kap. 2.1.a) hievor) sind im

---

20 Mindestens 450'000 Hektaren Fruchtfolgeflächen sollen aufgrund des Ernährungsplans 80 benötigt werden. Vgl. dazu: EJPD/EVD, Erläuternder Bericht zur Revision der Verordnung über die Raumplanung, Mai 1985, S.1; Informationshefte BRP 1/85 4 f, 2/85 3; Favrod, 172; Tschaggelar, 57 f, 103

21 Vgl. immerhin: Anleitung für die Schätzung landwirtschaftlicher Heimwesen und Liegenschaften vom 18.Juni 1979, Anhang zur V über die Schätzung des landwirtschaftlichen Ertragswerts vom 28.Dezember 1951 (SR 211.412.123), S.19-35; BGE 112 Ib 36 mit Hinweis auf die Klimaeignungskarte für die Landwirtschaft in der Schweiz, BRP 1977; BGS, Beurteilung, 19 f; Bodeneignungskarte der Schweiz, BRP 1980; Landwirtschaftliche Bodeneignungskarte der Schweiz, BRP 1975; Wärmegliederung der Schweiz, BRP 1977

Kanton Genf in der Tat nur flache Gebiete. Ebenso spielen die - neben der Geländeform - weiteren von Art.11 Abs.2 RPV für Fruchtfolgeflächen geforderten Bestimmungsmerkmale im kleinen Kanton Genf eine untergeordnete Rolle: Klimatische Verhältnisse und Bodenbeschaffenheit unterscheiden sich innerhalb des Kantons nicht wesentlich; auch können die Bedürfnisse des ökologischen Ausgleichs nur beschränkt berücksichtigt werden, sind doch Landwirtschaftszonen aufgrund von Art.15 Bst a RPG (vgl. Kap. 2.1.b) und c)aa) hievor) auf Gebiete rund um die Stadt Genf verwiesen, weshalb diesbezüglich kein grosser Entscheidungsspielraum mehr besteht. Zu beachten ist aber, dass die Regelung von Art.20 Abs.1 LCAT, die für den Kanton Genf sachgerecht und bundesrechtlich zulässig erscheint, für die grosse Mehrzahl der Kantone als bundesrechtswidrig zu erachten wäre [22].

Einen Sonderfall stellt die Rechtslage im Rebbau dar. Der Bund bezeichnet nämlich die für die Weinproduktion geeigneten Gebiete (sog. Rebbaukataster; Art.43 LwG). Der Rebbaukataster ist für das Raumplanungsrecht deshalb von Bedeutung, weil die Neuanpflanzung von Reben ausserhalb dieses Katasters - mit der Ausnahme von höchstens 400 Quadratmetern für den Eigenbedarf - gemäss Art.1 Abs.1 und Abs.2 des Bundesbeschlusses über Massnahmen zugunsten des Rebbaues vom 22.Juni 1979 (SR 916.140.1) verboten ist [23]. Zwar stellt der Rebbaukataster keine raumplanungsrechtliche Nutzungszone dar [24]. Dennoch empfiehlt es sich, das kantonale Raumplanungsrecht, soweit es um den Einbezug von Rebland in die Landwirtschaftszone oder um die Schaf-

---

22 Zahlreiche Kantone nennen Eignungskriterien in Verwaltungsverordnungen und erstellen entsprechende Eignungskarten. Erwähnenswert erscheint die Schrift "Landwirtschaftszone" des Baudepartementes und des Finanzdepartementes des Kantons Aargau, deren 2.Auflage im Januar 1983 erschienen ist. Vgl. bezüglich der dort verwendeten Bestimmungskriterien S.14-18 dieser Schrift.

23 BGE 99 Ib 395 (zum alten Recht); VPB 43.88, 49.69; Schürmann, Wirtschaftsverwaltungsrecht, 180

24 Aemisegger/Wetzel, 98

fung einer besonderen Rebbauzone (vgl. Kap. 2.3.b) hienach) geht, nach dem bestehenden Rebbaukataster auszurichten. Soll weiteres Land für den Rebbau ausgeschieden werden, sollte das Gebiet nach den gemäss Art.5 Abs.1 des Weinstatuts vom 23.Dezember 1971 (SR 916.140) massgebenden Kriterien für die Aufnahme von Grundstücken in den Rebbaukataster - in der Regel Hanglagen und natürliche Produktionsbedingungen, wie Lokalklima, Bodenbeschaffenheit, Hangrichtung, Höhe und geografische Lage, die in einem Normaljahr eine gute Traubenreife gewährleisten [25] - bestimmt werden. Andererseits ist auch nicht vorbehaltlos auf den Rebbaukataster abzustellen, kann dieser doch durchaus ausser der Landwirtschaftszone andere Nutzungszonen oder Wald [26] überlagern.

Das Bundesrecht bestimmt also Eignungskriterien einzig für den Mindestumfang der Fruchtfolgeflächen im Sinne von Art.11 ff RPV, der allerdings einen grossen Teil der Fläche des geeigneten Landes ausmacht. Der Rebbaukataster bindet die Kantone in der Raumplanung rechtlich nicht, geniesst aber wegen des Verbots von Anpflanzungen neuer Reben ausserhalb dieses Katasters faktisch eine grosse Bedeutung [27].

cc) Umschreibung des Gesamtinteresses

Weder im Raumplanungsgesetz noch in der Raumplanungsverordnung findet sich eine nähere Bezeichnung des Gesamtinteresses, welches die landwirtschaftliche Nutzung von bestimmten, landwirtschaftlich nicht geeigneten Gebieten (Art.16 Abs.1 Bst b RPG; vgl. Kap. 2.1.a) hievor) verlangt.

Hinweise auf öffentliche Interessen, die in diesem Zusammenhang in Betracht zu ziehen sind, enthalten die <u>Zielbestimmungen</u> (Art.1) und die <u>Planungsgrundsätze</u> (Art.3) des Raumplanungsge-

---

25 VPB 43.88, 44.33, 44.34, 44.132, 50.85; Aemisegger/Wetzel, 98; Gygi, Verwaltungsrecht, 360

26 Aemisegger/Wetzel, 98 f

27 Vgl. etwa die in Anmerkung 22 zitierte Schrift "Landwirtschaftszone" des Kantons Aargau, S.13 und 17

setzes. Für die Umschreibung des Gesamtinteresses sind namentlich von Bedeutung folgende Ziele und Grundsätze:
- Die Landschaft ist zu schützen bzw. zu schonen (Art.1 Abs.2 Bst a, Art.3 Abs.2 RPG).
- Angestrebt werden soll die Dezentralisation der Besiedlung und der (Land-)Wirtschaft (Art.1 Abs.2 Bst c RPG).
- Zu sichern ist eine ausreichende Versorgungsbasis des Landes (Art.1 Abs.2 Bst d RPG).
- Erholungsräume sollen erhalten bleiben (Art.3 Abs.2 Bst d RPG) [28, 29].

Diese Zielbestimmungen und Planungsgrundsätze müssen von den Kantonen in der Raumplanung - und damit auch für die Umschreibung des Gesamtinteresses im Sinne von Art.16 Abs.1 Bst b RPG in der kantonalen Raumplanungsgesetzgebung - berücksichtigt werden [30]. Sie lassen aber durchaus offen, dass das Gesamtinteresse ebenfalls von anderen öffentlichen Interessen des Bundes wie auch der Kantone bestimmt wird [31].

dd) Land- und Forstwirtschaftszonen

Dürfen die Kantone in ihren Raumplanungsgesetzen Nutzungszonen vorsehen, die sowohl Landwirtschaftsland wie auch Wald umfassen?

Das Raumplanungsgesetz unterscheidet in erster Linie Bau-, Landwirtschafts- und Schutzzonen (Art.14 Abs.2, Art.15-17 RPG). Das kantonale Recht kann zwar weitere Nutzungszonen vorsehen

---

28 EJPD/BRP, 216 f; Schürmann, Bau- und Planungsrecht, 168

29 Der Entwurf zur Revision der RPV hatte in Art.16 Abs.2 - entsprechend den genannten Zielbestimmungen und Planungsgrundsätzen des RPG - vorgesehen, namentlich Land für die Erhaltung der Dauerbesiedlung, für den Landschaftsschutz sowie für die ergänzende Landesversorgung als im Gesamtinteresse zu nutzendes Land heranzuziehen. Vgl. dazu: Informationshefte BRP 2/85 5

30 Aemisegger, Planungsgrundsätze, 87; EJPD/BRP, 79, 99; Ramisberger, 115 ff

31 AGVE 1984 353; BBl 1978 I 1014 f; Aemisegger, Planungsgrundsätze, 85; Lendi, SJZ 1980 57 f; Ramisberger, 116 f

(Art.18 Abs.1 RPG), darf aber den Grundsatz der vorrangigen Ausscheidung von Bau-, Landwirtschafts- und Schutzzonen nicht durchbrechen [32]. Darüberhinaus umschreibt das Forstpolizeirecht des Bundes den Wald als eigene Nutzungszone [33] (vgl. Kap. 2.1.b) hievor), deren selbständige Bedeutung neben den raumplanungsrechtlichen Nutzungszonen durch Art.18 Abs.3 RPG bestätigt wird. Das Bundesrecht verlangt somit, dass die Bau-, die Landwirtschafts- und die Schutzzone sowie die Nutzungszone des Waldes voneinander getrennt werden. Die Kantone dürfen demnach Landwirtschaftsland und Wald nicht der gleichen Zonenart zuordnen [34].

Ebenso verbietet die Ordnung der Zulässigkeit von Bauten - und hier insbesondere die Rechtssicherheit [35] - eine Zusammenlegung von Land- und Forstwirtschaftszonen. Obwohl die Forstwirtschaft mit der Landwirtschaft eng verwandt ist, bildet sie im Rahmen des Raumplanungsrechts nicht Teil der Landwirtschaft (vgl. Kap. 2.2.b) hienach). Deshalb sind in der Landwirtschaftszone zwar landwirtschaftliche Bauten zonenkonform (Art.22 Abs.2 Bst a RPG; vgl. Kap. 3 und 4 hienach), nicht aber forstwirtschaftliche. Diese sind vielmehr grundsätzlich nur im Wald gestattet (Art.28 FPolV), währenddem sie in der Landwirtschaftszone nur nach Massgabe von Art.24 Abs.1 RPG (sog. Standortgebundenheit; vgl. Kap. 5 hienach) erstellt werden dürfen. Umgekehrt bedarf die Erstellung von Landwirtschaftsbauten im Wald einer Rodungsbewilligung (Art.28 Abs.1 i.V.m. Art.25 Abs.1 FPolV), welche nur ausnahmsweise erteilt wird (Art.26 f FPolG) [36].

Kantonale Normen, die eine Land- und Forstwirtschaftszone vorsehen - so Art.39 Abs.1 LCAT des Kantons Neuenburg - erweisen sich somit als bundesrechtswidrig. Gleiches gilt für Bestim-

---

32 EJPD/BRP, 200 f
33 Bloetzer/Munz, ZBl 1972 436; Tschannen, 145
34 Aemisegger/Wetzel, 88 ff
35 Aemisegger/Wetzel, 91
36 BGE 108 Ib 178 ff; Aemisegger/Wetzel, 77 f; Tschannen, 146

mungen kantonaler Raumplanungsgesetze, wie Art.20 Abs.3 BauG des Kantons St.Gallen, Art.29a Abs.3 BauG des Kantons Uri sowie § 37 Abs.1 PBG des Kantons Zürich, die auch forstwirtschaftliche Nutzungen in der Landwirtschaftszone vorsehen.

2.2. Landwirtschaftliche Nutzung

a) Bodenerhaltende Nutzung

Die Landwirtschaft erzeugt ihre Produkte - neben dem Einsatz der Arbeit des Landwirten und von finanziellen Mitteln - primär durch die Nutzung des Bodens [37]. Deshalb muss landwirtschaftliche Nutzung darauf ausgerichtet sein, den Boden als landwirtschaftliches Kulturland zu erhalten (Art.3 Abs.2 Bst a RPG) [38], und zwar sowohl bezüglich seiner Quantität (Schutz des Bodens vor Erosion und Vergandung) [39] wie auch bezüglich seiner Qualität (Bodengerechte Wahl der Bepflanzung und der Bearbeitungsmethoden sowie des Einsatzes von Dünger und Unkraut- bzw. Schädlingsbekämpfungsmitteln) [40].

Das Raumplanungsgesetz sieht allerdings keine Pflichten der Grundeigentümer vor, ihr zur Landwirtschaftszone gehörendes Land zu nutzen und damit quantitativ zu erhalten [41]. Dagegen finden sich im Landwirtschaftsrecht Nutzungspflichten. Diese betreffen in der Form einer Unterhalts- und Bewirtschaftungs-

---

37 Pra 1987 111; ZBl 1984 181; BVR 1979 319 mit Hinweisen; BVR 1982 396; GVP 1984 29, 1985 169 f; Amtl.Bull.S 1978 466 (Votum Jauslin); BBl 1984 III 561; Aemisegger, Landwirtschaftliche Nutzung, 43; Beyeler, 51; Darbellay/Chauvie/ Widmann, Informationshefte BRP 3/82 9, 25; EJPD/BRP, 215; Pfammatter, 138, 140; Pfisterer, Informationshefte BRP 4/82 5; Tschaggelar, 101; Zaugg, Kommentar, 414

38 ZBl 1978 493; BBl 1984 III 590

39 BGE 108 Ib 133; BGS, Boden, 50 f; Favrod, 56; Schürmann, Bau- und Planungsrecht, 168

40 BVR 1982 397; BGS, Boden, 38 ff; Favrod, 56

41 BBl 1978 I 1022; Tschaggelar, 101

pflicht den mit Bundesbeiträgen verbesserten Boden (Art.84 und 89 LwG), der gemäss Art.59 der Bodenverbesserungs-Verordnung vom 14.Juni 1971 (SR 913.1) richtig bewirtschaftet werden muss [42]. Eine Duldungspflicht auferlegt Art.6 des Bundesgesetzes über Bewirtschaftungsbeiträge an die Landwirtschaft mit erschwerten Produktionsbedingungen vom 14.Dezember 1979 (SR 910.2) dem Grundeigentümer bezüglich der Bewirtschaftung seines Landes, soweit dieses zur Erhaltung der Landwirtschaft notwendig ist oder wenn das Brachliegen die Umwelt erheblich beeinträchtigt[43].

Ebenso ergeben sich <u>Nutzungsbeschränkungen</u> zur Erhaltung der Bodenqualität nicht aus dem Raumplanungsrecht, sondern in erster Linie aus dem Gewässer- und Umweltschutzrecht:

Das <u>Gewässerschutzgesetz</u> vom 8.Oktober 1971 (GSchG; SR 814.20) untersagt ausserhalb der Gewässer das Ablagern von festen Stoffen, die geeignet sind, das Wasser zu verunreinigen (Art.14 Abs.1 GSchG) sowie das Versickernlassen von verunreinigenden flüssigen Stoffen im Boden (Art.14 Abs.2 GSchG) [44].

Besondere Nutzungsbeschränkungen ergeben sich aus Massnahmen zum Schutze des Grundwassers (Art.29 ff GSchG). In Grundwasserschutzzonen (Art.30 GSchG) sind etwa bestimmte Arten der Düngung oder die Verwendung einzelner Düngemittel, die Düngung überhaupt, bestimmte landwirtschaftliche Nutzungen oder gar jegliche landwirtschaftliche Nutzung untersagt [45]. Diese Massnahmen können auch zum Schutze der übrigen Gewässer, insbesondere von Seen, getroffen werden (Art.2 i.V.m. Art.5 GSchG) [46].

Das <u>Umweltschutzgesetz</u> vom 7.Oktober 1983 (USG; SR 814.01) sieht in Art.33 die Festlegung von Richtwerten für die Beurtei-

---

42 BGE 111 Ib 123; Gygi, Verwaltungsrecht, 222
43 Meier, 84 f
44 BGE 107 IV 67 mit Hinweisen
45 BGE 106 Ib 330 unten, 337, 110 Ib 59; VPB 42.30, 43.107 (= BVR 1979 432), 45.44, 47.36
46 Kümin, 11 und 20 mit Hinweisen

lung der Belastung des Bodens mit schädlichen und nicht oder nur schwer abbaubaren Stoffen vor. Diese Werte sind so festzulegen, dass niedrigere Belastungen die Fruchtbarkeit des Bodens auch langfristig nicht beeinträchtigen. In Ausführung des Umweltschutzgesetzes umschreibt der Bundesrat in Art.2 Abs.1 der Verordnung über Schadstoffe im Boden vom 9.Juni 1986 (VSBo; SR 814.12) näher, welcher Boden als fruchtbar gilt. Die Belastung des Bodens durch Schadstoffe beurteilt sich nach Art.5 VSBo und den im Anhang zur Verordnung festgelegten Richtwerten für elf verschiedene chemische Elemente. Ist die Bodenfruchtbarkeit in einem bestimmten Gebiet stark gefährdet, etwa durch den deutlichen Anstieg des Gehalts eines Schadstoffes, oder bereits beeinträchtigt, so insbesondere wenn Richtwerte überschritten sind, "legen die Kantone im Einvernehmen mit dem Bundesrat verschärfte Emissionsbegrenzungen fest oder beschränken die Verwendung von Stoffen im erforderlichen Mass." (Art.35 USG, Art.6 VSBo) [47].

Zu berücksichtigen ist der Schutz des Bodens insbesondere in den Vorschriften über umweltgefährdende Stoffe (Art.34 USG), zu denen unter anderem Stoffe zur Bekämpfung von Unkräutern und Schädlingen, Dünger und Wachstumsregulatoren gerechnet werden (Art.29 Abs.2 Bst a USG). Die hauptsächlichen Vorschriften über die Verwendung dieser Stoffe sind im Anhang zur Verordnung über umweltgefährdende Stoffe (Stoffverordnung) vom 9.Juni 1986 (StoV; SR 814.013) detailliert aufgeführt. Für die Düngung mit Hofdünger, Handelsdünger und Klärschlamm sind zwei Verordnungen des Gewässerschutzrechts ergänzend heranzuziehen. Es sind dies die Klärschlammverordnung vom 8.April 1981 [48] (KSV; SR 814.225.23) und die Verordnung über Abwassereinleitungen vom 8.Dezember 1975 (SR 814.225.21).

---

47 Favrod, 112 ff
48 Vgl. Bericht des Bundesamtes für Umweltschutz zur Klärschlammverordnung vom 8.April 1981, S.14 ff sowie die Tabellen des Anhangs

Für die landwirtschaftliche Düngung ergeben sich aus den genannten Erlassen folgende Vorschriften:
- In bestimmten Gebieten darf Dünger überhaupt nicht verwendet werden, so in Naturschutzgebieten, in Riedgebieten und Mooren, in Hecken und Feldgehölzen, an Oberflächengewässern und im Fassungsbereich von Grundwasserschutzzonen (Anhang 4.5 Ziff.33 Abs.1 StoV, Art.12 Bst b und c KSV).
- Dünger darf nur verwendet werden, wenn der Boden bewachsen ist oder unmittelbar danach bepflanzt oder besät wird (Anhang 4.5 Ziff.32 Abs.1 StoV, Art.11 Abs.2 KSV).
- Der Dünger ist gleichmässig auf die Düngeflächen zu verteilen (Anhang 4.5 Ziff.31 StoV, Art.10 Abs.2 KSV). Zu berücksichtigen sind dabei:
  - die im Boden vorhandenen Nährstoffe und die Bedürfnisse der Pflanzen (Anhang 4.5 Ziff.31 Bst a StoV),
  - die Boden- und Witterungsverhältnisse (Topographie, Einsickerungsverhältnisse; Porenzustand, Mächtigkeit und Rückhaltevermögen des Bodenfilters; Verbot der Düngung durchnässter, schneebedeckter und gefrorener Böden; Anhang 4.5 Ziff.31 Bst b StoV, Art.14 V über Abwassereinleitungen, Art.12 Bst a KSV) 49,
  - die aufgrund der Gewässerschutzgesetzgebung angeordneten besonderen Beschränkungen (Art.2, 5 und 29 ff GSchG, Anhang 4.5 Ziff.31 Bst c StoV, Art.11 Abs.6 KSV),
  - die aufgrund der Umweltschutzgesetzgebung angeordneten besonderen Beschränkungen (Art.35 USG, Art.6 VSBo, Anhang 4.5 Ziff.31 Bst d StoV).

Ueberdies darf Handelsdünger nur verwendet werden, wenn der Hofdünger nicht ausreicht oder nicht zur Deckung der Nährstoffbedürfnisse geeignet ist (Anhang 4.5 Ziff.32 Abs.2 StoV). Wer über zu wenig landwirtschaftliche Nutzfläche für die Verwertung von Hofdünger verfügt, muss für die Ueberschüsse Abnahmeverträge abschliessen, die der Genehmigung durch die kantonale Gewässerschutzbehörde unterliegen (Anhang 4.5 Ziff.34 StoV). Für die Verwendung von Klärschlamm gelten weitere Einschränkungen (Anhang 4.5 Ziff.32 Abs.3 und Ziff.33 Abs.3 StoV, Art.11 Abs.1, 3-5 KSV).

Die Verwendung von Pflanzenbehandlungsmitteln (Pflanzenschutzmittel, Unkrautvertilgungsmittel und Regulatoren für die Pflanzenentwicklung) ist in den gleichen Gebieten, in denen Dünger überhaupt nicht verwendet werden darf, gänzlich verboten (Anhang 4.3 Ziff.3 Abs.1 StoV).

Diese Bestimmungen des Gewässer- und Umweltschutzrechtes sind für die Landwirtschaft insofern von Belang, als zwar eine ge-

---

49 Vgl. Bundesämter für Landwirtschaft und Umweltschutz, Wegleitung für den Gewässerschutz in der Landwirtschaft, Dezember 1979 (ergänzt März 1984), S.4-14; Bericht des Bundesamtes für Umweltschutz zur Klärschlammverordnung vom 8.April 1981, S.16

mäss den Erkenntnissen der Agronomiewissenschaft bodengerechte Düngung mit ihnen nicht in Konflikt kommen kann [50], wohl aber eine übermässige Düngung:

"Bei rationeller Düngung werden dem Boden lediglich die Nährstoffe zugeführt, die ihm in der Folge durch die Pflanzen wieder entzogen werden. Bei Ueberdüngung hingegen sammeln sich überschüssige Nährstoffe im Boden an. Wie der Regierungsrat unter Hinweis auf die Fachliteratur richtig ausführt, verbindet sich vor allem der Stickstoff in Nitratform nicht mit dem Boden. Er wird ausgeschwemmt oder sickert in die Gewässer aus (...). Gerade der übermässige Gehalt an Stickstoff und Phosphor ist aber die Ursache der Eutrophierung der Gewässer, führt er doch zu Fadenalgenbildung und Sauerstoffschwund.(...) Eine übermässige Düngung landwirtschaftlicher Nutzflächen verstösst deshalb, wie der Regierungsrat zutreffend feststellt, gegen die Anforderungen des Gewässerschutzes." (BGE 97 I 467)[51]

Der Entwurf zur Revision des Gewässerschutzgesetzes vom November 1984 sieht denn auch in Art.16 eine bundesrätliche Verordnung über die landwirtschaftliche Verwertung von Abgängen aus der Nutztierhaltung und von vergleichbaren Abgängen vor.

Eine Ergänzung erhalten diese Bestimmungen für den Bereich der Verkehrsmilchproduktion durch die Art.5 - 7 des Schweizerischen Milchlieferungsregulativs vom 18.Oktober 1971 (SR 916.351.3). Zur Förderung der Qualität der Milch und von Milchprodukten gelten für die entsprechenden Futterflächen spezielle Vorschriften über eine zweckmässige Düngung und Nutzung (Art.5). Unzulässig ist insbesondere jede übertriebene, einseitige, zur unrichtigen Zeit ausgeführte oder sonstwie die Zuträglichkeit des Futters gefährdende, namentlich Durchfall erzeugende Düngung (Art.6). Ebenfalls sind Klärschlamm und andere Rückstände nach bestimmten Regeln auf die Futterflächen auszubringen (Art.7).

---

50 BBl 1970 II 450 oben; Kümin, 130 ff

51 Vgl. Bundesämter für Landwirtschaft und Umweltschutz, Wegleitung für den Gewässerschutz in der Landwirtschaft, Dezember 1979 (ergänzt März 1984), S.1-14 und S.82 mit einer Liste der Richtlinien und Empfehlungen der landwirtschaftlichen Forschungsanstalten des Bundes für die Düngung in der Landwirtschaft; Kantonales Amt für Gewässerschutz Luzern, Der Baldeggersee und der Hallwilersee müssen wieder gesund werden, S.14 f

Landwirtschaftliche Nutzung im Sinne des Raumplanungsrechts versteht sich somit als Nutzung des Bodens zur Produktion landwirtschaftlicher Erzeugnisse unter Ausrichtung auf eine langfristige Erhaltung der Bodenquantität und -qualität. Neben der Bearbeitung des Bodens zur Vermeidung von Erosion und Vergandung ist vornehmlich Wert auf eine geringe, die Aufnahmefähigkeit des Bodens nicht übersteigende, Verwendung von umweltgefährdenden Stoffen, insbesondere von chemischem Dünger, Hofdünger und Klärschlamm, in der Landwirtschaft zu legen.

b)   Bereiche landwirtschaftlicher Nutzung

Zur Landwirtschaft sind hauptsächlich zu zählen der Ackerbau, d.h. der Anbau von Brot- und Futtergetreide, Silo-, Körner- und Grünmais, Zucker- und Futterrüben, Kartoffeln, Raps, Ackerbohnen, Feldgemüse und Tabak [52], die Graswirtschaft mit Natur- und Kunstwiesen, Weiden und Sömmerungsweiden der Alpwirtschaft[53] sowie die mit dem Ackerbau oder der Graswirtschaft unmittelbar verbundene Tierhaltung, die Rinder, Schweine, Pferde, Esel, Maultiere, Schafe, Ziegen, Kaninchen, Geflügel und Bienen[54] umfassen kann.

---

52 Art.1 Abs.3 V über die Entschuldung landwirtschaftlicher Heimwesen vom 16.November 1945 (EGV; SR 211.412.120); Art.2 V über Richtflächen für den Ackerbau vom 6.Juli 1977 (SR 916.110); GVP 1984 29, 1985 169; BBl 1984 III 500 ff; Aemisegger, Landwirtschaftliche Nutzung, 43; Beyeler, 51; EJPD/BRP, 215; Ludwig, BlAR 1980 90; Schürmann, Bau- und Planungsrecht, 167; Zaugg, Kommentar, 413; Zimmerlin, 295

53 Art.1 Abs.3 EGV; BBl 1984 III 500; Beyeler, 51; Ludwig, BlAR 1980 90; Schürmann, Bau- und Planungsrecht, 167; Zimmerlin, 295

54 GVP 1984 29, 1985 169; BBl 1984 III 505 f; Aemisegger, Landwirtschaftliche Nutzung, 43; Beyeler, 52; EJPD/BRP, 215; Schürmann, Bau- und Planungsrecht, 167; Schürmann, Wirtschaftsverwaltungsrecht, 140; Zaugg, Kommentar, 413; Zimmerlin, 295

Ebenso sind landwirtschaftlicher Natur die bodenabhängigen Spezialkulturen des Rebbaus [55], des Obstbaus (Aepfel, Birnen, Kirschen, Zwetschgen, Pflaumen, Aprikosen, Pfirsiche und Beeren) [56], des Gemüsebaus (gärtnerischer Gemüsebau im Gegensatz zum Feldgemüsebau) [57] und des Gartenbaus (Freilandgärtnereien, Stauden- und Kleingehölzbetriebe, Baumschulen, Rebschulen, Schnittblumenbetriebe) [58] sowie des Saatgutbaus [59] für die aufgeführten pflanzlichen Nutzungen.

Die in einem weiteren Sinne zur Urproduktion gerechnete Rohstoffgewinnung (Bergbau, Steinbrüche, Kies- und Lehmausbeutung, Torfstiche, Erdölbohrungen) [60] sowie die Ablagerung von Abfällen und umweltgefährdenden Stoffen [61] stellen dagegen eine bodenverändernde und damit keine landwirtschaftliche Nutzung im Sinne von Art.16 Abs.1 RPG dar.

Der gleiche Schluss ist zu ziehen für Nutzungen, die den Boden nicht als primären Produktionsfaktor einsetzen oder die keine

---

[55] Art.1 Abs.3 EGV; BVR 1979 35; RDAF 1986 43; BBl 1984 III 500 ff; Beyeler, 51; Ludwig, BlAR 1980 90; Zaugg, Kommentar, 410; Zimmerlin, 295

[56] Art.1 Abs.3 und 4 EGV; BBl 1984 III 505 f; Beyeler, 51; Kilchenmann, 137; Ludwig, BlAR 1980 90

[57] Art.1 Abs.4 EGV; ZBl 1984 180 ff; BBl 1984 III 505; EJPD/BRP, 215; Schürmann, Bau- und Planungsrecht, 167; Zimmerlin, 295

[58] Art.1 Abs.4 EGV; ZBl 1978 493, 1981 376, 1984 181 f; BVR 1982 396; RDAF 1986 45, 112 ff; BLVGE 1985 26; LGVE 1985 III 362 f; Beyeler, 52; EJPD/BRP, 216; Ludwig, BlAR 1980 90; Schürmann, Bau- und Planungsrecht, 167 f; Zaugg, Kommentar, 410; Zimmerlin, 295

[59] Art.1 Abs.3 EGV

[60] BGE 108 Ib 366, 111 Ib 87, 112 Ib 28; BVR 1981 262, 1986 448; Aemisegger, Leitfaden, 90; Baschung, KPG-Bulletin 3/81 7; EJPD/BRP, 296; Ludwig, BlAR 1980 89; Ludwig, Baurecht 1980 5 f; Schürmann, Bau- und Planungsrecht, 184 f; Zimmerlin, 303; missverständlich dagegen: BBl 1978 I 1025

[61] BGE 111 Ib 108, 114; Aemisegger, Leitfaden, 90; EJPD/BRP, 296; Ludwig, BlAR 1980 89; Schürmann, Bau- und Planungsrecht, 184

Erzeugung landwirtschaftlicher Produkte bezwecken. So ist die Zucht von anderen Tieren als den obengenannten landwirtschaftlichen Nutztieren (wie etwa von Hunden, Katzen, Vögeln, Pelztieren, Meerschweinchen, Mäusen und Fischen) [62], die Haltung von Tieren in Heimen [63] und Parks sowie für den Betrieb von Reitschulen und Reitsportanlagen [64] nicht landwirtschaftlicher Natur.

Zur Frage der Abgrenzung landwirtschaftlicher von nichtlandwirtschaftlicher Nutzung äusserte sich das Bundesgericht in den beiden folgenden Fällen:

Der erste Entscheid betraf ein von einer landwirtschaftlichen Beratungsstelle betreutes Versuchsprogramm, welches vorsah auf einer Fläche von 6,2 Hektaren Land Rothirsche zu halten. Aus finanziellen Gründen wollte der Gesuchsteller keine reine Hirschzucht aufbauen, sondern den Betrieb im Rahmen eines Tierparks führen. Das Bundesgericht befand, das Unternehmen enthalte zwar insofern ein landwirtschaftliches Element, als für die Hirschzucht das Kulturland als betriebseigene Rauhfutterbasis unmittelbar genutzt werde. Indessen falle das landwirtschaftsfremde Element der Schaffung eines Tierparks so stark ins Gewicht, dass das Vorhaben nicht mehr dem Zweck der Landwirtschaftszone im Sinne von Art.16 RPG entspreche (BGE vom 5.Mai 1982 i.S. Gemeinden Tamins und Trin, S. 6). Weist dagegen eine Hirschzucht nicht den Charakter eines Tierparks auf, so spricht allerdings nichts mehr gegen ihre landwirtschaftliche Natur [65].

Der zweite Entscheid befasste sich mit einem Gesuch zur Errichtung eines Gebäudes mit Wohnung, Stall, Heuboden und Garage, von dem aus die Gesuchsteller auf einer Fläche von rund 7'500

---

62 Kilchenmann, 138
63 BGE vom 21.März 1984 i.S. H., S.4, E.2; Ludwig, BlAR 1980 91
64 ZBl 1984 371; RDAF 1973 68; RDAF 1986 45 = Informationshefte BRP 4/85 12, 23; RDAF 1986 55 f, 197 f; Sulliger, 82
65 AGVE 1983 531; Pfisterer, Informationshefte BRP 4/82 6; Pfisterer/Geissbühler, Informationshefte BRP 2/83 5

Quadratmetern Viehhandel betreiben wollten. Das Bundesgericht befand, der <u>Viehhandel</u> könne nicht als landwirtschaftliche Nutzung qualifiziert werden, soweit er nicht in direktem Zusammenhang mit der Bodenbewirtschaftung stehe (BGE vom 1.März 1982 i.S. Ferrari, S. 8, E. 5a) [66]. Viehhandel erweist sich somit nur dann als landwirtschaftliche Tätigkeit, wenn er als unmittelbare Folge des Pflanzenbaus und der damit direkt verbundenen Tierhaltung betrieben wird. Hierunter fällt der Kauf von Jungtieren zur eigenen Aufzucht oder der Verkauf von selber grossgezogenen Tieren, immer unter der Voraussetzung einer genügenden betriebseigenen Futtermittelbasis (vgl. Kap. 3.2.a) hienach). Dies trifft für landwirtschaftliche Betriebe regelmässig nur in untergeordnetem Rahmen und zudem ohne Bedarf an zusätzlichen oder grösseren Bauten zu.

Ueber den Fall des Viehhandels hinaus weist der Entscheid Ferrari einige Bedeutung auf für die Abgrenzung landwirtschaftlicher Nutzung von gewerblichen Betrieben, die mit der Landwirtschaft verbunden sind. Hierzu zählen

- Betriebe zur <u>Versorgung</u> der Landwirtschaft mit Gütern oder Dienstleistungen (Landwirtschaftliche Genossenschaften [67], Mähdreschereigewerbe [68], Einstellhallen und Reparaturwerkstätten für Landmaschinen [69]),
- <u>Lagerungs</u>betriebe (Lagerhäuser und -hallen [70], Kühlhäuser [71]),
- <u>Verarbeitungs</u>- und <u>Verwertungs</u>betriebe (Getreidesilos [72],

---

66 Der Entscheid Ferrari ist auszugsweise veröffentlicht in: Informationshefte BRP 4/82 11, 20; vgl. dazu: Pfisterer, Informationshefte BRP 4/82 6; Pfisterer/Geissbühler, Informationshefte BRP 2/83 5; Kilchenmann, 134

67 Beyeler, 86; Kilchenmann, 134; Zaugg, Kommentar, 414

68 BVR 1981 303; Zaugg, Kommentar, 414

69 Ludwig, BlAR 1980 89; Ludwig, Baurecht 1980 5; Sulliger, 82; Zaugg, Kommentar, 414

70 Beyeler, 86; EJPD/BRP, 220

71 Kilchenmann, 133

72 Ludwig, BlAR 1980 89; Ludwig, Baurecht 1980 5

Getreidemühlen [73], Grastrocknungsanlagen [74], Molkereien und Käsereien [75], Schlachthäuser [76]) sowie
- Betriebe zur Verpackung und zum Versand landwirtschaftlicher Produkte [77].

Alle diese Tätigkeiten haben zwar Bezug auf die landwirtschaftliche Nutzung des Bodens oder führen die Produkte der Landwirtschaft direkt oder indirekt dem Konsumenten zu. Auf eine unmittelbare Nutzung des Bodens sind sie jedoch nicht angewiesen. Sie sind deshalb nur dann landwirtschaftlicher Art, wenn sie in direktem Zusammenhang mit der Bodennutzung durch einen bestimmten Landwirtschaftsbetrieb stehen und wenn in arbeitstechnischer Hinsicht eine enge Verbindung zwischen der Bodenbewirtschaftung und ihnen besteht. In aller Regel dienen derartige Betriebe allerdings einer Mehrzahl von Bauern und sind deswegen von vorneherein nicht landwirtschaftlicher, sondern gewerblicher Natur [78].

Die Literatur führt zwei weitere Kriterien zur Bestimmung landwirtschaftlicher Nutzung auf:

Einmal soll der Boden für die betreffende Nutzung als Produktionsfaktor unentbehrlich sein [79]. Zwar stellt die Unentbehr-

---

73 Beyeler, 86; EJPD/BRP, 220; Ludwig, Baurecht 1980 5

74 Beyeler, 86; EJPD/BRP, 220; Ludwig, BlAR 1980 89; Ludwig, Baurecht 1980 5; Pfisterer, Informationshefte BRP 4/82 6; Schürmann, Bau- und Planungsrecht, 169

75 GVP 1985 170; EJPD/BRP, 220; Ludwig, BlAR 1980 89; Ludwig, Baurecht 1980 5; Schürmann, Bau- und Planungsrecht, 169; Zaugg, Kommentar, 414

76 Beyeler, 86

77 Darbellay/Chauvie/Widmann, Informationshefte BRP 3/82 10, 26

78 BVR 1981 303; EJPD/BRP, 220; Pfisterer, Informationshefte BRP 4/82 6

79 BGE 111 Ib 216; Pra 1987 113; BGE vom 1.März 1982 i.S. Ferrari, S.7, E.5a, auszugsweise publiziert in Informationshefte BRP 4/82 11, 20; Aemisegger, Landwirtschaftliche Nutzung, 43; Baschung, KPG-Bulletin 3/81 6; EJPD/BRP, 215; Pfisterer, Informationshefte BRP 4/82 7

lichkeit des Produktionsfaktors Boden ein notwendiges Merkmal landwirtschaftlicher Nutzung dar. Ohne sein Vorliegen ist keine Nutzung landwirtschaftlicher Art. Fraglich erscheint jedoch, ob dieses Kriterium auch genügt, lassen sich doch durchaus Nutzungen denken, die zwar auf den Boden unbedingt angewiesen sind, dieser aber doch eine untergeordnete Rolle im gesamten Produktionsprozess spielt. Als Beispiele sind weitgehend bodenunabhängige Varianten des <u>Gartenbaus</u> zu nennen (vgl. unten und Kap. 3.3.a) hienach). Ebenso kommen einige der genannten nichtlandwirtschaftlichen Nutzungen in der Praxis nicht vollständig ohne den Faktor Boden aus (Bsp. Rohstoffgewinnung, Tierparks, Reitschulen).

Im weiteren soll eine unmittelbare Bodennutzung nur dann als landwirtschaftlich gelten, wenn sie <u>im wesentlichen unter natürlichen Bedingungen</u> erfolgt [80]. Dieses Kriterium geht zurück auf einen Bundesgerichtsentscheid, welcher vor Inkrafttreten des Raumplanungsgesetzes eine Beschwerde gegen ein Urteil des aargauischen Verwaltungsgerichts abwies, welches den <u>Gemüsebau</u> betraf. Das Bundesgericht erachtete die Ansicht des kantonalen Verwaltungsgerichts als mit sachlichen Gründen vertretbar, Treibhäuser und Plastiktunnels ausserhalb der Bauzone nur zuzulassen, sofern sie eine der Freilandbewirtschaftung dienende und untergeordnete Funktion erfüllten und die Pflanzen damit im wesentlichen unter natürlichen Bedingungen aufgezogen würden. Als nicht mehr zulässig hatte das Verwaltungsgericht Treibhäuser bezeichnet, in denen Pflanzen vom Ansäen bis zur Ernte verblieben, sowie solche, in denen ein künstliches Klima geschaffen oder der natürliche Erdboden durch ein Humussubstrat

---

[80] Aemisegger, Landwirtschaftliche Nutzung, 43; Baschung, KPG-Bulletin 3/81 6; EJPD/BRP, 215; Schürmann, Bau- und Planungsrecht, 167; Zimmerlin, 297; vgl. auch die Formulierung "in der Hauptsache der Ausschöpfung des natürlichen Bodenertrags dienen" im nicht ins ordentliche Recht überführten Art.16 Abs.3 des Entwurfes zur Revision der RPV vom Mai 1985, Informationshefte BRP 2/85 5

ersetzt werde (ZBl 1980 132) [81]. Ausserhalb des Bereichs des Garten- und Gemüsebaus ist der so verstandene Massstab der Produktion unter im wesentlichen natürlichen Bedingungen wenig aussagekräftig. Zudem ist dieses Kriterium auch für diese Nutzungsarten durchaus entbehrlich. So stellte das Bundesgericht im genannten Entscheid fest, in erster Linie sei ein Bezug zur Freilandbewirtschaftung zu verlangen. Entscheidend ist somit auch hier die Art der Bodenbewirtschaftung. Die vom Verwaltungsgericht des Kantons Aargau als nicht zulässig erachteten Formen des Gemüsebaus nutzen den Boden nämlich nicht als primären Produktionsfaktor, steht doch der Einsatz an Arbeit und Kapital deutlich im Vordergrund. Zudem überwiegt der bodenverändernde Charakter der in Frage stehenden Bauten die an sich bodenerhaltende Nutzung des überdeckten Landes [82].

Nicht als landwirtschaftliche Nutzung in Betracht kommen ferner sämtliche Nutzungen, die sich ausserhalb der Landwirtschaftszone abspielen, so insbesondere die den Wald nutzende Forstwirtschaft (Art.18 Abs.3 RPG; vgl. Kap. 2.1.b) und c)dd) hievor) und die gar keinen Boden, sondern die Gewässer nutzende Fischerei [83].

Als landwirtschaftlich erscheint damit jede bodenerhaltende Nutzung (vgl. Kap. 2.2.a) hievor), die den Boden als primären Produktionsfaktor einsetzt oder die in unmittelbarem Zusammenhang zu einer derartigen Nutzung steht.

---

[81] ZBl 1984 181 mit Hinweisen; Darbellay/Chauvie/Widmann, Informationshefte BRP 3/82 10, 26

[82] ZBl 1978 493 (technische Produktionsfaktoren); Pra 1987 113; Kilchenmann, 138

[83] Schürmann, Wirtschaftsverwaltungsrecht, 140

c) Spielräume der Kantone bezüglich der gesetzlichen Umschreibung landwirtschaftlicher Nutzung

aa) Beispielhafte Nennung von Arten landwirtschaftlicher Nutzung

Die bundesrechtliche Natur des Begriffs der landwirtschaftlichen Nutzung (vgl. Kap. 2.2.a) und b) hievor) verbietet den Kantonen nicht, in ihren Raumplanungsgesetzen eine Aufzählung von Beispielen landwirtschaftlicher Nutzungen vorzunehmen, soweit diese landwirtschaftliche Nutzungen im Sinne des bundesrechtlichen Begriffs darstellen. So ist ihnen gestattet, den Acker- und Futterbau, die bodenabhängige Nutztierhaltung sowie die bodenabhängigen Spezialkulturen des Reb-, Obst- und Gemüsebaus ausdrücklich zu nennen. Von dieser Möglichkeit haben denn auch verschiedene Kantone Gebrauch gemacht (Art.35 Abs.3 EGzRPG AR, Art.80 Abs.1 BauG BE, Art.56 Abs.2 LATC FR, Art.20 Abs.2 LCAT GE, Art.39 LCAT NE, Art.20 Abs.3 BauG SG, Art.52 Abs.1 und Abs.2 Bst a LATC VD, Art.22 Abs.1 Bst a RPG VS sowie § 37 Abs.1 Bst a PBG ZH). Als einziger Kanton nennt Basel-Stadt die Freilandgärtnereien und die Familien- und Kleingärten (§ 46 Abs.1 HBG), welche bodenabhängigen Gartenbau und damit auch eine landwirtschaftliche Nutzung darstellen [84]. Die in diesem Sinne erfolgende Nennung von Arten landwirtschaftlicher Nutzungen im kantonalen Recht hat allerdings gegenüber dem Bundesrecht keine eigenständige Bedeutung. Aus juristischer Sicht kann sie deshalb ohne irgendeinen Verlust unterbleiben; andere Gründe mögen aber für sie sprechen.

bb) Gleichstellung weiterer Nutzungen mit der landwirtschaftlichen Nutzung

Der bundesrätlichen Botschaft zum Raumplanungsgesetz ist zu entnehmen, es sei dem kantonalen Recht überlassen, welche weiteren Nutzungsarten der landwirtschaftlichen Nutzung gleichzu-

---

[84] BGE vom 21.April 1982 i.S. Freytag, S.10, zitiert in: Michael, Informationshefte BRP 4/84 10

stellen seien. Der Bundesrat dachte dabei in erster Linie an
die gartenbauliche Nutzung; im weiteren habe das kantonale
Recht zu bestimmen, "in welchem Rahmen standortgebundene Lagerungs-, Verarbeitungs- und Versorgungsbetriebe der Urproduktion, Zucht- und Mastbetriebe u.a. in der Landwirtschaftszone
zugelassen werden sollen." (BBl 1978 I 1025).

Der Gartenbau, dessen landwirtschaftliche Natur bis dahin umstritten war, fand im Laufe der parlamentarischen Beratungen
Eingang in den Gesetzestext und gilt damit von Bundesrechts
wegen als landwirtschaftliche Nutzung. Bereits im Parlament
kam allerdings klar zum Ausdruck, dass damit nur der bodenabhängige Gartenbau gemeint ist [85] (vgl. Kap. 2.2.b) hievor und
Kap. 3.3.a) hienach).

Ebenso sind Zucht- und Mastbetriebe, die in unmittelbarem Zusammenhang mit dem Ackerbau oder der Graswirtschaft stehen und
damit über eine genügende eigene Futtermittelbasis verfügen,
landwirtschaftlicher Art (vgl. Kap. 2.2.b) hievor und Kap.
3.2.a) hienach). Wird die Bestimmung des Raumplanungs- und Baugesetzes des Kantons Freiburg, welche "Aufzuchts- und Mastbetriebe" (im französischen Text "exploitations d'élevage et
d'engraissement") in der Landwirtschaftszone zulässt (Art.56
Abs.2 LATC), in diesem Sinne verstanden, kommt sie mit dem Bundesrecht nicht in Konflikt.

Sollen nun aber auch bodenunabhängige Betriebe, seien es Lagerungs-,Verarbeitungs- und Versorgungsbetriebe der Landwirtschaft oder bodenunabhängige Gartenbau-, Zucht- und Mastbetriebe, durch kantonales Recht in der Landwirtschaftszone zugelassen werden dürfen ? Dagegen spricht zunächst das zentrale Anliegen der Raumplanung nach einer Trennung von Bau- und Nichtbaugebiet. Soll nämlich der der Landwirtschaftszone zugeordnete
Boden der Landwirtschaft wirksam erhalten bleiben, so muss er
dieser vorbehalten sein. Die Bezeichnung weiterer Gewerbe als

[85] Amtl.Bull.S 1978 465 f (Votum Jauslin); EJPD/BRP, 216

zonenkonformer Art führt dagegen zu einer Verwässerung der Landwirtschaftszone. Diese würde einer lockeren Bauzone Platz machen. Ein politischer Entscheid einer Gemeinde, der bezweckt eine Zone ausschliesslich der landwirtschaftlichen Nutzung vorzubehalten, würde je nach Ausgestaltung der kantonalen Gesetzesbestimmung mitunter rechtlich verunmöglicht. Dies kann aber nicht der Sinn von Art.16 des Raumplanungsgesetzes sein. Zum gleichen Ergebnis führt auch die Betrachtung der Systematik des Raumplanungsgesetzes, nach welcher in der Landwirtschaftszone im ordentlichen Bewilligungsverfahren nur Bauten zugelassen werden dürfen, welche zonenkonform sind, mit anderen Worten der landwirtschaftlichen Nutzung dienen (Art.22 Abs.2 Bst a i.V.m. Art.16 Abs.1 RPG; vgl. Kap. 3 und 4 hienach). Nichtlandwirtschaftliche Bauten sind dagegen nur unter den Voraussetzungen von Art.24 Abs.1 RPG - Standortgebundenheit sowie Fehlen wesentlicher entgegenstehender Interessen - ausnahmsweise zulässig (vgl. Kap. 5.1. hienach). Für die Gleichstellung weiterer Nutzungen mit der landwirtschaftlichen Nutzung bleibt somit kein gesetzgeberischer Spielraum für die Kantone [86, 87].

Die Bestimmung des Raumplanungs- und Baugesetzes des Kantons Freiburg, welche die "Lagerung und Verarbeitung von Landwirtschafts-, Gemüsebau- und Weinbauprodukten" (im französischen Text "l'entreposage et (...) la transformation des produits

---

[86] Pra 1987 113; RJN 1982 182; Aemisegger, Landwirtschaftliche Nutzung, 43, 53; Baschung, KPG-Bulletin 3/81 7 f; Beyeler, 83 f, 86; Brändli, 112 f; EJPD/BRP, 216, 220 f

[87] Ludwig, BlAR 1980 89 f erachtet es ebenfalls nicht als sinnvoll, standortgebundene Bauten als in der Landwirtschaftszone zonenkonform zuzulassen. Dies untermauert er mit dem verfahrensrechtlichen Argument, zweckmässigerweise sollte dieselbe kantonale Behörde, die Ausnahmen nach Art. 24 Abs.1 RPG beurteilt (Art.25 Abs.2 RPG), über sämtliche standortgebundenen Bauten entscheiden. Dabei geht er allerdings davon aus, dass das Raumplanungsgesetz zwei Arten von standortgebundenen Bauten unterscheide, nämlich einerseits zonenkonforme und andererseits nichtzonenkonforme - eine Ansicht, für die ausser im Text der bundesrätlichen Botschaft keine Auslegungsargumente zu finden sind.

agricoles, horticoles ou viticoles") in der Landwirtschaftszone generell zulässt (Art.56 Abs.2 LATC), lässt sich aus diesen Gründen mit dem Bundesrecht nicht vereinbaren.

cc) Zulassung nur bestimmter landwirtschaftlicher Nutzungen

Das Raumplanungsgesetz behält also die Landwirtschaftszone der landwirtschaftlichen Nutzung vor [88]. Damit sind andere Nutzungsarten von der Landwirtschaftszone ausgeschlossen; umgekehrt ist jedoch jede landwirtschaftliche Nutzung in dieser Zone zugelassen. Dem Bundesrecht widerspricht deshalb ein genereller Ausschluss bestimmter landwirtschaftlicher Nutzungen durch kantonales Recht. Ebenfalls dürfen die Kantone die Landwirtschaftszone nicht nur einzelnen landwirtschaftlichen Nutzungsarten vorbehalten.

Fragwürdig erscheinen unter diesem Gesichtspunkt die Bestimmungen der Kantone Uri und Waadt, die es den Gemeinden zur Regelung in ihren Baureglementen überlassen, ob Bauten und Anlagen für den Gartenbau (Art.30c Abs.1 BauG UR) bzw. den Garten- und Gemüsebau (Art.52 Abs.2 Bst a LATC VD) zulässig sein sollen. Wollen die Gemeinden eine bundesrechtskonforme Norm erlassen, so dürfen sie den Garten- oder den Gemüsebau nur ausschliessen, wenn in der Landwirtschaftszone kein geeigneter Boden für die betreffende Nutzung vorhanden ist oder wenn sie eine spezielle Zone für diese Kultur(en) schaffen (Art.18 Abs.1 RPG; vgl. Kap. 2.3. hienach). Andernfalls müssen sie den Garten- bzw. den Gemüsebau in der Landwirtschaftszone zulassen [89].

Familien- und Kleingärten dürfen dagegen aus der Landwirtschaftszone gewiesen werden, sofern sie in der Bauzone zulässig sind. Immerhin weisen sie einen engen Bezug zum Wohnen auf und ihre Nutzung verursacht keine Immissionen, die in der Bauzone zu Konflikten mit anderen Nutzungsarten führen würden [90].

---

88 EJPD/BRP, 215; Schürmann, Bau- und Planungsrecht, 166
89 Ludwig, KPG-Bulletin 2/83 14
90 Pra 1987 357; Ludwig, BlAR 1980 91

Die Frage der Zulässigkeit der Unterteilung der Landwirtschaftszone und damit auch der Ausscheidung von Teilen dieser Zone für besondere Kulturen soll im nächsten Abschnitt eingehend behandelt werden.

2.3. Die Unterteilung der Landwirtschaftszone

a) Grundsätzliches

Das Bundesrecht schreibt den Kantonen - neben der Bestimmung von Bau- und Schutzzonen - die Ausscheidung von Landwirtschaftszonen im Sinne von Art.16 RPG vor (Art.14 Abs.2 RPG). Das kantonale Recht kann daneben weitere Nutzungszonen und damit auch spezielle Landwirtschaftszonen mit unterschiedlichen Rechtswirkungen vorsehen (Art.18 Abs.1 RPG). Jede dieser Landwirtschaftszonen hat aber den Mindestanforderungen von Art.16 RPG zu genügen. Die Unterteilung von Landwirtschaftszonen darf daher nur einem gegenüber dem Raumplanungsgesetz mindestens gleichwertigen, in aller Regel verstärkten Schutz des Landwirtschaftslandes und nicht der Abschwächung der bundesgesetzlichen Ordnung dienen [91]. Zudem muss sich eine kantonale Gesetzesnorm, die die Landwirtschaftszone unterteilt, als zweckmässig erweisen. Dies ist etwa dann der Fall, wenn Kulturland besonderer Qualität geschützt werden soll oder wenn bestimmte landwirtschaftliche Kulturen nur in einem Teil der Landwirtschaftszone zulässig sein sollen [92]. Zu beachten ist ferner, dass eine Ausscheidung von Teilen der Landwirtschaftszone für

---

[91] AGVE 1984 353; Beyeler, 43; EJPD/BRP, 200 f, 234 f; Häberli, Informationshefte BRP 1/82 10; a.M.: Aemisegger, Landwirtschaftliche Nutzung, 46 f, Lendi, ZBl 1985 389 und Tschaggelar, 109, die allerdings alle von einer Unterteilung der Landwirtschaftszone sprechen, die im nicht qualifiziert geschützten Teil zu einer gegenüber dem Bundesrecht erweiterten Bautätigkeit führt.

[92] Baumann/Gerber, KPG-Bulletin 3/81 22; Beyeler, 43; Häberli, Informationshefte BRP 1/82 9 f; vgl. auch: Tagblatt des Grossen Rates des Kantons Bern 1984, Heft 1, Beilage 6 (Vortrag Baugesetz), S.12

bestimmte Nutzungen dem jeweiligen Eigentümer keine Nutzungspflichten auferlegt (vgl. Kap. 2.2.a) hievor). Vielmehr beschränkt sich die raumplanungsrechtliche Wirkung von derartigen Zonen darauf, dass in ihnen nur dem Zweck der Zone entsprechend gebaut werden darf (Art.22 Abs.2 Bst a RPG).

b) Unterteilungsmodelle

In Anlehnung an den Text von Art.16 RPG ist zunächst zu denken an eine Zweiteilung der Landwirtschaftszone in eine produktionsorientierte Landwirtschaftszone, welche das für die landwirtschaftliche Nutzung oder den Gartenbau geeignete Land (Art.16 Abs.1 Bst a RPG) umfasst, und in eine landschaftspflegeorientierte Landwirtschaftszone, zu der das im Gesamtinteresse landwirtschaftlich zu nutzende Land (Art.16 Abs.1 Bst b RPG) zu rechnen ist [93].

Das sog. Aargauer Modell sieht eine zweistufige Landwirtschaftszone vor. Das der Landwirtschaftszone I zugewiesene vorrangige Kulturland, an dessen Erhaltung ein überwiegendes landwirtschaftliches Interesse besteht, soll der bodenabhängigen Nutzung vorbehalten sein. Standortgebundenen Bauten sind hier sehr enge Grenzen gesetzt (Art.24 Abs.1 Bst b RPG; vgl. Kap. 5.3., 5.4.f) und g) hienach). Die Landwirtschaftszone II umfasst dagegen Gebiete mit geringerer landwirtschaftlicher Eignung, an denen aber immerhin ein vorwiegendes landwirtschaftliches Interesse besteht [94]. Diesem Aargauer Modell hat sich der Gesetzgeber des Kantons Appenzell-Ausserrhoden in Art.35 Abs.2 EGzRPG angeschlossen:
"Jene Teile der Landwirtschaftszone, die ackerfähig sind oder sich für die futterbauliche Nutzung besonders gut eignen, sind als Vorranggebiete zu bezeichnen. Sie sind langfristig und un-

---

[93] Beyeler, 40 f; Häberli, Informationshefte BRP 1/82 9; Tschaggelar, 109

[94] AGVE 1982 241 ff; Baudepartement und Finanzdepartement des Kantons Aargau, Landwirtschaftszone, 2.Ausgabe, Januar 1983, S.7 ff; Beyeler, 40 f; Tschaggelar, 108 f; Zimmerlin, 291

geschmälert der bodenabhängigen landwirtschaftlichen Nutzung zu erhalten."
In diesen Vorranggebieten sind Bauten nur für die berufsmässige Landwirtschaft zulässig (Art.35 Abs.5 EGzRPG AR). Ebenfalls sieht der Kanton Wallis vor, wegen ihrer "Eigenart" (im französischen Text: "qualité") schützenswerte Gebiete sog. geschützten Landwirtschaftszonen zuzuweisen (Art.32 Abs.1 RPG VS), in welchen einzig für die Nutzung unerlässliche Bauten erstellt werden können (Art.32 Abs.2 RPG VS).

Schliesslich werden Zonen für landwirtschaftliche Spezialkulturen, so für den Reb-, Obst-, Gemüse- und Gartenbau [95] diskutiert. Eine Forschungsarbeit weist nach, dass die für derartige Zonen in Frage kommenden Gebiete sehr selten sind und ausgesprochen günstige Klimabedingungen benötigen; ebenfalls kommt ihr Boden oft ohne eine lange Erholungszeit nicht aus. Deshalb wird vorgeschlagen, Gebiete mit ausserordentlich guten Anbaubedingungen auszuscheiden mit der Rechtswirkung, dass hier nur Oekonomiebauten für diese speziellen Kulturen bewilligt werden dürfen. Landwirtschaftliche Wohnbauten würden regelmässig nicht in Frage kommen (vgl. Kap. 4.1. hienach) [96]. Im Kanton Basel-Stadt ist "die Unterteilung der Landwirtschaftsgebiete in Flächen, die der eigentlichen Landwirtschaft, und Flächen, die dem bodenabhängigen Gartenbau dienen" zulässig (§ 46 Abs.2 HBG). Der Kanton Genf sieht Rebbauzonen vor, in denen ausschliesslich dieser Nutzung dienende Bauten errichtet werden dürfen (Art.20 Abs.2 LCAT). Rebbauzonen erweisen sich allerdings nur für Flächen als zweckmässig, die im Rebbaukataster aufgeführt sind (vgl. Kap. 2.1.c)bb) hievor).

---

[95] Pra 1987 113 f; Beyeler, 40, 43; Darbellay/Chauvie/Widmann, Informationshefte BRP 3/82 9 ff, 25 f; EJPD/BRP, 235; Häberli, Informationshefte BRP 1/82 9 f

[96] Darbellay/Chauvie/Widmann, Informationshefte BRP 3/82, 10 f, 25 f

Der Kanton Graubünden sieht in Art.30 Abs.1 seines Raumplanungsgesetzes allgemein die Möglichkeit vor, Landwirtschaftszonen nach Eignung und Zweck zu unterteilen.

2.4. Zusammenfassung

Die Landwirtschaftszone dient dem Schutz des landwirtschaftlich und gartenbaulich geeigneten sowie des im Gesamtinteresse landwirtschaftlich zu nutzenden Landes (Art.16 Abs.1 RPG). Sie ist abzugrenzen von den weiteren Nutzungszonen des Raumplanungsrechts, also von der Bauzone, der Schutzzone sowie weiteren Zonen und Gebieten (Art.15 und 17 f RPG), von der durch das Forstpolizeirecht geschützten Nutzungszone des Waldes (Art.18 Abs.3 RPG) und vom unproduktiven Land.

Den Kantonen steht zu, für die Bestimmung des landwirtschaftlich geeigneten Landes (Art.16 Abs.1 Bst a RPG) auf die tatsächlichen Verhältnisse abzustellen und damit der Landwirtschaftszone das landwirtschaftlich genutzte Land zuzuweisen. Vorbehältlich der bundesrechtlich festgelegten Eignungskriterien für Fruchtfolgeflächen (Art.11 Abs.2 RPV) und unter Beachtung des Rebbaukatasters (Art.43 LwG) dürfen die Bestimmungskriterien für landwirtschaftlich geeignetes Land kantonalrechtlich geordnet werden. Das Gesamtinteresse im Sinne von Art.16 Abs.1 Bst b RPG kann ausser durch die Zielbestimmungen und Planungsgrundsätze des Raumplanungsgesetzes (Art.1 und 3 RPG) ebenfalls durch andere öffentliche Interessen des Bundes wie auch der Kantone umschrieben werden. Bundesrechtswidrig erweist sich dagegen die Zuweisung von Landwirtschaftsland und Wald zur gleichen Nutzungszone. Die Kantone dürfen also keine Land- und Forstwirtschaftszonen vorsehen.

Landwirtschaftliche Nutzung im Sinne des Raumplanungsrechts versteht sich als Nutzung, welche den Boden als primären Produktionsfaktor einsetzt oder in unmittelbarem Zusammenhang zu einer derartigen Nutzung steht, und die sich dabei auf eine langfristige Erhaltung der Bodenquantität und -qualität ausrichtet.

Der Begriff der landwirtschaftlichen Nutzung - der den Gartenbau ausdrücklich einschliesst (Art.16 Abs.1 Bst a RPG) - ist bundesrechtlicher Natur in dem Sinne, dass es den Kantonen weder erlaubt ist, weitere Nutzungen mit der landwirtschaftlichen Nutzung gleichzustellen, noch bestimmte landwirtschaftliche Nutzungsarten von der Landwirtschaftszone auszuschliessen.

Das kantonale Recht darf die Landwirtschaftszone unterteilen, um Kulturland besonderer Qualität zu schützen oder bestimmte Kulturen nur in einem Teil der Landwirtschaftszone zuzulassen. Die Unterteilung der Landwirtschaftszone erweist sich aber nur dann bundesrechtskonform, wenn sie dem Landwirtschaftsland einen mindestens gleichwertigen, also regelmässig stärkeren Schutz als das Raumplanungsgesetz bietet.

3. LANDWIRTSCHAFTLICHE OEKONOMIEBAUTEN

"Voraussetzung der Bewilligung ist, dass die Bauten und Anlagen dem Zweck der Nutzungszone entsprechen" (Art.22 Abs.2 Bst a RPG)

3.1. Grundsätze

Wirtschaftsgebäude, die in der Landwirtschaftszone errichtet werden sollen, müssen dem Zweck dieser Nutzungszone entsprechen, mit anderen Worten in der Landwirtschaftszone <u>zonenkonform</u> sein. Landwirtschaftliche Oekonomiebauten, so etwa Ställe, Scheunen, Geräteschuppen sowie Einstellräume für Maschinen und Fahrzeuge [1], sind zulässig, soweit sie <u>der landwirtschaftlichen Nutzung</u> (vgl. Kap. 2.2. hievor) <u>dienen</u> [2] (Art.22 Abs.2 Bst a i.V.m. Art.16 Abs.1 RPG).

Dem Gesuchsteller steht grundsätzlich die Wahl zu, welche landwirtschaftliche Nutzung er auf dem ihm zur Verfügung stehenden Land betreiben will. Welche Oekonomiegebäude für den angegebenen Nutzungszweck notwendig sind und in welcher Grösse sie dies sind, beurteilt sich dagegen nach <u>objektiven Kriterien</u> [3]:

Zunächst dürfen Bauten für die angestrebte Nutzung nicht von vorneherein rechtlich ausgeschlossen sein, etwa durch die erfolgte Unterteilung der Landwirtschaftszone (vgl. Kap. 2.3. hievor) oder im Falle des Rebbaus wegen des fehlenden Einbezugs des betreffenden Grundstücks in den Rebbaukataster (vgl. Kap. 2.1.c)bb) hievor).

---

1 BGE 109 Ib 126; BVR 1981 303 oben; PVG 1981 79, 82, 1984 89; EJPD/BRP, 220; Hess, 42; Kilchenmann, 120; Ludwig, BlAR 1980 90; Ludwig, Baurecht 1980 5; Schürmann, Bau- und Planungsrecht, 169; Zaugg, Kommentar, 414

2 BGE 109 Ib 128, 111 Ib 216; Pra 1987 111; EJPD/BRP, 219 f; Schürmann, Bau- und Planungsrecht, 169

3 ZBl 1978 493 f, 1981 376; RDAF 1986 197; EJPD/BRP, 219; Hess, 42; Pfisterer, Informationshefte BRP 4/82 6 f

Sodann muss das Land für die angestrebte Nutzungsart grundsätzlich geeignet sein [4]. Dies trifft nicht nur für die angesichts der konkreten Boden- und Klimaverhältnisse optimale landwirtschaftliche Nutzung zu, sondern auch für weniger ergiebige Nutzungsarten. Immerhin muss verlangt werden, dass Aufwand und Ertrag in einem angemessenen Verhältnis zu stehen versprechen.

Nach betriebswirtschaftlichen Grundsätzen [5] sind die geltendgemachten räumlichen Bedürfnisse zu beurteilen. Insbesondere die Grösse der Bauten, aber auch deren Konstruktion und Raumeinteilung [6], müssen für die gewünschte Nutzungsart [7] und in Beziehung zur Fläche des zu bewirtschaftenden Landes [8] betrieblich gerechtfertigt erscheinen; die Bauten müssen für die sachgerechte Nutzung der in Betracht fallenden Grundstücke notwendig sein [9]. Da mit der Erstellung einer Baute ein regelmässig während längerer Zeit unveränderlicher Zustand geschaffen wird, darf für die Beurteilung der Notwendigkeit der Baute nur Land einbezogen werden, das von den zu erstellenden Gebäuden aus langfristig [10] bewirtschaftet werden soll. Es muss Grund zur Annahme bestehen, dass dieses dem Betrieb während der voraussichtlichen Dauer des Bestandes der geplanten Bauten verfügbar sein wird. Anders gesagt muss die begründete Aussicht bestehen, dass in absehbarer Zeit im Eigentum des Gesuchstellers stehendes Land nicht veräussert und Pachtland vom Verpächter nicht beansprucht wird. Der alleinige Bestand eines für die gesetzli-

---

4 Kilchenmann, 120 f

5 Brändli, 112; Schürmann, Bau- und Planungsrecht, 169

6 ZBl 1981 374 ff; Kilchenmann, 121; Kuttler, ZBl 1982 341

7 ZBl 1978 494; PVG 1984 89

8 ZBl 1981 376; PVG 1984 89; Schürmann, Bau- und Planungsrecht, 169

9 BVR 1981 303 oben; PVG 1984 89; Aemisegger, Landwirtschaftliche Nutzung, 53; Brändli, 112; EJPD/BRP, 220; Hess, 43; Ludwig, BlAR 1980 90; Zaugg, Kommentar, 413 f

10 AGVE 1978 210; BLVGE 1983/84 70: blosse Kaufabsichten genügen nicht; Hess, 43

che Mindestpachtdauer [11] geschlossenen Pachtvertrages genügt nicht; weitere Gesichtspunkte müssen eine Erneuerung des Vertrages nach dessen Ablauf als gesichert erscheinen lassen [12].

Schliesslich darf eine Neubaute nur bewilligt werden, wenn die in Frage stehenden Grundstücke nicht bereits von Gebäuden aus bewirtschaftet werden oder bewirtschaftet werden könnten, welche den objektiven Massstäben für eine vernünftige Betriebsführung genügen. Eine Aussiedlung darf nur erfolgen, wenn die verfügbaren Gebäude eine rationelle Bewirtschaftung nicht zulassen und zudem die Verlegung des Standortes wesentliche betriebliche Vorteile mit sich bringt [13].

Sollen die Wirtschaftsgebäude der landwirtschaftlichen Nutzung des Bodens im erörterten Sinne dienen, kann es - ganz im Gegensatz zur Beurteilung des Bedürfnisses nach landwirtschaftlichen Wohnbauten (vgl. Kap. 4 hienach) - nicht grundsätzlich darauf ankommen, ob der Boden im Haupt- oder Nebenberuf [14] oder nur in der Freizeit [15] bewirtschaftet werden soll. Trotzdem kommen diese Gesichtspunkte in den genannten Kriterien zur Beurteilung landwirtschaftlicher Oekonomiebauten - der gewählten Nutzungsart und der Fläche des zu bewirtschaftenden Landes - zum Ausdruck. Beschränkt sich nämlich die Aktivität eines Hobbybauern auf wenig intensive Nutzungsarten und eine begrenzte Bodenflä-

---

11 Die gesetzliche Mindestpachtdauer beträgt gemäss Art.7-9 des Bundesgesetzes über die landwirtschaftliche Pacht vom 4.Oktober 1985 (LPG; SR 221.213.2) in der Regel für die erste Pachtdauer neun Jahre (ganze landwirtschaftliche Gewerbe) bzw. sechs Jahre (einzelne Grundstücke), für die Fortsetzung der Pacht jeweils sechs Jahre.

12 Pfammatter, 152 f verlangt Pachtverträge auf 20-25 Jahre

13 BGE 100 Ib 403; ZBl 1976 366 E.3, 1978 493 f; PVG 1984 89; Pfisterer, Informationshefte BRP 4/82 6; Schürmann, Bau- und Planungsrecht, 169

14 BGE 100 Ib 92, 108 Ib 133 f; ZBl 1982 556; PVG 1984 89; Brändli, 112; Hess, 42; Pfammatter, 144; Schürmann, Bau- und Planungsrecht, 169

15 RDAF 1986 197; PVG 1984 89; Brändli, 112; Kilchenmann, 120; a.M.: Zaugg, Kommentar, 414

che, kann ihm nur ein für wenige Tiere bemessener Stall, ein kleinerer Geräteschuppen oder gar nur eine Gerätetruhe bewilligt werden, währenddem ein Berufslandwirt Nutzungsarten wählen wird, die ihm auf einer genügend grossen Betriebsfläche ein Auskommen bieten, Tätigkeiten also, die ohne grössere Betriebsgebäude undenkbar sind. Diese Ansicht vertritt in bisher zwei Entscheiden auch das Bundesgericht:

Im ersten Fall hatte der Beschwerdeführer ein Baugesuch gestellt, welches die Errichtung eines Gartenhäuschens aus Holz mit einer Grundfläche von 2,5 x 3 Metern auf einer Parzelle von 1300 Quadratmetern vorsah. Das Bundesgericht befand, unter den gegebenen Umständen hätte das streitige Gartenhäuschen zunächst nach Art.22 RPG und damit auf seine Zonenkonformität hin beurteilt werden müssen. Wegleitend für die Gutheissung der Beschwerde gegen den kantonalen Bauabschlag war die Erwägung, die vorgesehene gartenbauliche Nutzung sei landwirtschaftlicher Art (BGE vom 21.April 1982 i.S. Freytag) [16].

Der zweite Fall betraf ein Baugesuch für die Errichtung eines Speichers mit einer Nettogeschossfläche von 19 Quadratmetern. Auf einer insgesamt 2400 Quadratmeter messenden Parzelle sollte das Gebäude der Bewirtschaftung einer mit Reben bepflanzten Fläche von 1119 Quadratmetern dienen. Das Bundesgericht schützte einen Regierungsratsentscheid, der befand, das Rebhäuschen übersteige das einzelbetrieblich erforderliche Ausmass. Wie im Entscheid Freytag sah das Gericht keinen Anlass, die Zulässigkeit von landwirtschaftlichen Betriebsbauten für die Freizeitbewirtschaftung in Frage zu stellen (BGE vom 6.Mai 1986 i.S. Stutz).

Kommt es für die Beurteilung von Baugesuchen für landwirtschaftliche Wirtschaftsgebäude in der Landwirtschaftszone ein-

---

[16] Die massgebende E.3d von S.10 des Urteils ist zitiert in Michael, Informationshefte BRP 4/84 10; im Anschluss an diesen Entscheid wurde das Bauvorhaben denn auch vom kantonalen Verwaltungsgericht bewilligt: BLVGE 1982 56 unten

zig auf objektive Kriterien an, können die Beweggründe und die persönlichen Wünsche des Gesuchstellers nicht massgebend sein[17].

Die genannten Grundsätze stellen <u>bundesrechtliche Minimalanforderungen</u> an landwirtschaftliche Oekonomiebauten dar. Die meisten Kantone lehnen sich in ihrer Einführungsgesetzgebung zum Raumplanungsgesetz an diese Kriterien an. So sollen die Bauten der landwirtschaftlichen Nutzung dienen (Art.23 Abs.2 Bst a BauG AI, Art.35 Abs.4 EGzRPG AR, Art.80 Abs.2 BauG BE, Art.30c Abs.1 BauG UR und Art.22 Abs.2 RPG VS) oder mit der landwirtschaftlichen Nutzung verbunden (Art.39 Abs.1 LCAT NE), betriebsnotwendig (Art.35 Abs.4 EGzRPG AR, § 47 Abs.2 HBG BS, Art.56 Abs.2 LATC FR, Art.20 Abs.1 LCAT GE, Art.52 Abs.1 LATC VD) oder auf eine rationelle Bewirtschaftung des Bodens ausgerichtet sein (§ 47 Abs.2 HBG BS). Den Kantonen steht es aber auch zu, gegenüber dem Bundesrecht <u>strengere Massstäbe</u> für die Beurteilung des Bedürfnisses nach landwirtschaftlichen Betriebsbauten vorzusehen. Im Kanton Graubünden sind denn auch nur Gebäude zulässig, die für die landwirtschaftliche Nutzung des Bodens erforderlich sind (Art.30 Abs.2 RPG GR), im Kanton St.Gallen, soweit die landwirtschaftliche Nutzung sie erfordert (Art.20 Abs.3 BauG SG) [18]. In die gleiche Richtung weist der Kanton Basel-Stadt, der nur Bauten zulässt, die "ausschliesslich" der landwirtschaftlichen Nutzung dienen (§ 47 Abs.1 HBG BS). Ebenso dürfen die Kantone die Zulässigkeit der Erstellung landwirtschaftlicher Oekonomiegebäude <u>auf die berufsmässige Landwirtschaft beschränken</u>, also Bauten zur Freizeitbewirtschaftung von der Landwirtschaftszone generell oder in bestimmten Teilen dieser Nutzungszone (vgl. Kap. 2.3. hievor) ausschliessen [19]. In Vorranggebieten des Kantons Appenzell-Ausserrhoden (vgl. Kap. 2.3.b) hievor) sind nur Bauten zulässig, die dem berufs-

---

17 BGE 100 Ib 92, 108 Ib 133 f; ZBl 1978 493, 1982 556; Hess, 42; Schürmann, Bau- und Planungsrecht, 169; Zaugg, Kommentar, 414

18 GVP 1984 29; Hess, 41

19 Pra 1987 356

mässigen (haupt- oder nebenberuflichen) landwirtschaftlichen Erwerb dienen (Art.35 Abs.5 EGzRPG i.V.m. Art.21 BauV). Der Kanton Genf behält die Landwirtschaftszone gar nur Baugesuchstellern vor, die hauptberuflich in der Landwirtschaft tätig sind und deren ordentliches Einkommen aus dieser Tätigkeit stammt (Art.20 Abs.1 LCAT; im französischen Gesetzestext: "L'exploitation d'un domaine agricole (...) doit constituer l'activité principale et la source ordinaire des revenus de l'exploitant."). Diese Norm erscheint bundesrechtlich nur zulässig für landwirtschaftlich geeignete Gebiete (Art.16 Abs.1 Bst a RPG), währenddem Land, das im Gesamtinteresse landwirtschaftlich genutzt werden soll (Art.16 Abs.1 Bst b RPG), auf die Bewirtschaftung durch nebenberufliche Landwirte angewiesen ist. Im Kanton Genf wird der Landwirtschaftszone nur landwirtschaftlich geeignetes, flaches Land zugewiesen (Art.20 Abs.1 LCAT; vgl. Kap. 2.1.c)bb) hievor), weshalb gegen die genannte Bestimmung nichts einzuwenden ist [20].

3.2. Oekonomiegebäude für die Tierhaltung

Die Tierhaltung erweist sich nur dann als landwirtschaftliche, wenn und soweit sie mit dem Ackerbau oder der Graswirtschaft unmittelbar verbunden ist (vgl. Kap. 2.2.b) hievor). Stallbauten sind in der Landwirtschaftszone deshalb nur für Tiere zulässig, die mit den pflanzlichen Erzeugnissen des einzelnen Betriebs ernährt werden können. Der Betrieb muss mit anderen Worten über eine genügende eigene Futtermittelbasis [21] verfügen. Zudem dürfen Tiere nur in einer Zahl gehalten werden, die eine umwelt- und gewässerschutzrechtlich einwandfreie Verwertung des anfallenden Hofdüngers auf der dem Betrieb zur Verfügung stehenden Landfläche erlauben (vgl. Kap. 2.2.a) hievor). Andererseits müssen die Ställe mindestens so gross dimensioniert werden, dass sie dem Tierschutzrecht des Bundes entsprechen.

20 RDAF 1982 47
21 ZBl 1984 370 E.4a; Zimmerlin, 297

a) Genügende eigene Futtermittelbasis

aa) Massstab der Futterbewertung

Für die Bewertung der in einem Landwirtschaftsbetrieb produzierten Futtermittel lassen sich grundsätzlich verschiedene Massstäbe denken. Das Raumplanungsrecht ist auf einen Bewertungsmassstab angewiesen, der berücksichtigt, dass Bauten die Bodennutzung langfristig verändern. Abzustellen ist deshalb nicht auf die tatsächliche Menge oder den Nährwert der Futterproduktion in einem bestimmten Zeitraum, sondern darauf, was auf der dem Betrieb dienenden Fläche an Futter angebaut werden könnte [22].

bb) Berechnung der einzelbetrieblichen Futtermittelbasis

Stellt die Fläche die für die Berechnung der Futtermittelbasis im Raumplanungsrecht massgebende Grösse dar, so ist zunächst danach zu fragen, wie diese zu berechnen ist. In Betracht zu ziehen ist nur der dem Futterbau dienende Boden, so die offenen Ackerflächen und das Wies- und Weideland. Dagegen sind von der Gesamtfläche des Betriebs abzuziehen einmal die in anderen Nutzungszonen liegenden Flächen, die regelmässig dem Betrieb entweder nicht für die landwirtschaftliche Nutzung (Bsp. Wald) oder nicht langfristig (Bsp. Land in der Bauzone) zur Verfügung stehen werden. Weiter sind für die Futtermittelproduktion nicht geeignet die Grundflächen der Betriebs- und Wohngebäude sowie der Wege und das für die Spezialkulturen des Garten-, Gemüse-, Obst- und Rebbaus vorgesehene Land.

In einem weiteren Schritt ist festzulegen, was auf der dem Futterbau dienenden Fläche angebaut werden soll. Auszugehen ist von den Vorstellungen des Gesuchstellers über den zukünftigen Futteranbau auf seinem Betrieb. Dieser hat, soll die langfri-

---

[22] Zu den verschiedenen Massstäben der Futterbewertung: Anleitung für die Schätzung landwirtschaftlicher Heimwesen vom 18.Juni 1979, Anhang zur V über die Schätzung des landwirtschaftlichen Ertragswerts vom 28.Dezember 1951 (SR 211.412.123), S.30 f; Baumann, 10; Meyer/Rieder/Bernegger, 15 ff

stige Fruchtbarkeit des Bodens erhalten werden (vgl. Kap. 2.2. a) hievor), einer geregelten Fruchtfolge zu entsprechen. Steht danach fest, was angebaut werden soll, ist aufgrund der konkreten Lage (etwa Meereshöhe, Hangneigung und -ausrichtung [23]) und der Beschaffenheit des Bodens der zu erwartende Futterertrag zu berechnen.

Schlussendlich ist zu ermitteln, ob dieser Futterertrag geeignet ist und ausreicht, um die Art und Anzahl Tiere zu ernähren, für die die konkrete Stallbaute geplant ist. Dabei sind bestehende Stallbauten, die neben der neuen weiterbestehen sollen, in die Rechnung einzubeziehen [24]. Ergibt sich ein positives Resultat, so verfügt der geplante Betrieb über eine genügende eigene Futtermittelbasis.

cc) Erläuterung anhand der Praxis

Die aufgeführten theoretischen Grundlagen der Berechnung der Futtermittelbasis eines Landwirtschaftsbetriebes bedürfen der Erläuterung durch praktische Beispiele. Allerdings sind zu dieser Frage erst wenige Urteile ergangen und zudem in verschiedenen Kantonen. Sämtliche im folgenden aufgeführten Entscheide wurden auszugsweise publiziert; die publizierten Stellen lassen aber oft zentrale Sachverhaltselemente unerwähnt, die hier ergänzt werden sollen.

Auf seiner im Kanton Thurgau gelegenen Parzelle von 11 Hektaren Hauptfutterfläche beabsichtigte ein Gesuchsteller einen Stall mit 22 Boxen zu errichten. Bereits bestanden ein neuerstellter Pferdestall mit neun Boxen, in dem sechs Stuten mit Fohlen gehalten wurden, sowie ein Stall, der zehn trächtigen Rindern Platz bot. Ein vom Regierungsrat des Kantons Thurgau eingeholtes Gutachten der kantonalen Zentralstelle für landwirtschaftliche Betriebsberatung erachtete die Wiesen als gut unterhalten und mit gutem Futterwuchs. Bei ortsüblicher Bewirtschaftung

---

23 RDAF 1986 198

24 Informationshefte BRP 2/85 14

könne auf dem Betrieb mit einer eigenen Futterbasis für total
22 Grossvieheinheiten (GVE) [25], also für 2 GVE pro Hektare
Land, gerechnet werden. Dabei entspreche eine Milchkuh 1,0 GVE,
ein hochträchtiges Rind 0,8 GVE, eine Stute mit Fohlen 1,5 GVE
sowie ein Reitpferd ohne Fohlen 0,8 GVE. In seinem Entscheid
vom 7.Januar 1985 befand der Regierungsrat, auch ohne Einbezug
des in der Dorfzone gelegenen Rinderstalls, also einzig unter
Berücksichtigung des Pferdestalles, erweise sich der Neubau als
um einen Drittel bis zur Hälfte zu gross. Weder für 22 Milchkühe (22 GVE) und 6 Stuten mit Fohlen im bestehenden Pferdestall
(9 GVE), was gesamthaft 31 GVE ausmachen würde, noch im Falle
der Haltung von 10 Kühen (10 GVE) und 12 Reitpferden ohne Fohlen (9,6 GVE), was zuzüglich der 9 GVE im bestehenden Pferdestall insgesamt 28,6 GVE ergäbe, sei die Futtermittelbasis gewährleistet. Die Zonenkonformität der geplanten Baute müsse
deshalb verneint werden (Informationshefte BRP 2/85 14).

In einem Entscheid vom 24.September 1985 befasste sich die Baurekurskommission des Kantons Waadt mit einem Gesuch zur Erstellung eines Pferdestalles mit einer Grundfläche von 55,24 Quadratmetern, wovon 33,68 Quadratmeter als geschlossener Stall
erstellt, der Rest dagegen einzig überdacht werden sollte. Auf
dem 6264 Quadratmeter messenden Grundstück wollte der Gesuchsteller zwei Reitpferde und einige Schafe halten. Die Rekurskommission stellte fest, ein Pferd entspreche bezüglich seines
Futterbedarfs ungefähr einer Grossvieheinheit (GVE). Angesichts
der Meereshöhe des Grundstücks von durchschnittlich 870 Metern,
seiner starken Neigung an einem gegen Osten gerichteten Hang
und seiner Einfriedung mit Hecken müsse mit einer nötigen Fut-

---

[25] Vgl. zur Berechnung der GVE: Art.3 Abs.1 V über Kostenbeiträge an Viehhalter im Berggebiet und in der voralpinen Hügelzone vom 20.April 1983 (SR 916.313.1); Art.4 V über Massnahmen gegen übermässige Milchlieferungen in den Zonen II-IV des Berggebietes vom 11.April 1984 (SR 916.350.102); Anleitung für die Schätzung landwirtschaftlicher Heimwesen vom 18.Juni 1979, Anhang zur V über die Schätzung des landwirtschaftlichen Ertragswerts vom 28.Dezember 1951 (SR 211.412.123), S.30 f

termittelbasis von rund 7000 Quadratmeter je GVE gerechnet werden. Das in Frage stehende Grundstück würde demnach nicht einmal der Ernährung eines einzigen Pferdes dienen, weshalb die in Aussicht genommene Stallbaute nicht zonenkonform sei (RDAF 1986 198 oben).

Gleichentags behandelte das Verwaltungsgericht des Kantons Zürich ein Baugesuch für eine Schweinemästerei mit 360 Tierplätzen. 28 Hektaren Land sollten zur Futterproduktion bewirtschaftet werden; 2,4 Hektaren Land als Standort der geplanten Bauten sowie 7,2 Hektaren Wald und Streuland wurden nicht berücksichtigt. Der Gesuchsteller beabsichtigte jeweils 16 Hektaren Mais und 12 Hektaren Gerste anzupflanzen. Ein Amtsbericht der ETH Zürich kam zum Schluss, mit dem auf der Fläche von 28 Hektaren Land erwirtschaftbaren Futterertrag, nämlich 160 Tonnen Corn-Cop-Mix und 60 Tonnen Gerste, könne der jährliche Futterbedarf von 360 Mastschweinen gedeckt werden. Allerdings müsse zur Einhaltung einer geregelten Fruchtfolge mit anderen Kulturen, etwa mit auch als Schweinefutter geeigneten Futterrüben, abgewechselt werden. Das Gericht erachtete die geplante Mästerei deshalb als zonenkonform (RB 1985 123 unten).

Ebenfalls zur Schweinehaltung äusserten sich zwei weitere Entscheide der Verwaltungsgerichte St.Gallen und Bern. Der Fall aus der Ostschweiz betraf ein Begehren um Errichtung einer Stallung für 80 Mutterschweine und 280 Aufzuchttiere oder Zuchtremonten. Der Gesuchsteller sah vor, auf seinem rund sechs Hektaren grossen Grundstück Futtermittel anzupflanzen. Sowohl das st.gallische Verwaltungsgericht in seinem Urteil vom 21.Dezember 1984 (GVP 1984 28 ff) wie auch das Bundesgericht am 4. Dezember 1985 beurteilten das Vorhaben als bodenunabhängiger Art und damit als nicht zonenkonform.

Das Verwaltungsgericht des Kantons Bern hatte bereits am 11. April 1983 ein Schweinestall-Projekt zu beurteilen, das 24 Muttersauen sowie Ferkeln Platz bieten sollte; als Futterbasis standen acht Hektaren Land, wovon zwei Hektaren vermutlich nur als Weideland, zur Verfügung. Das Gericht fand, sechs Hektaren Land erlaubten die Haltung von 24-48 Muttersauen, womit sich die geplante Baute als zonenkonform erweise (BVR 1983 462).

Das Urteil des bernischen Verwaltungsgerichts stützt sich auf Zahlen aus einem Bericht der nationalrätlichen Kommission über eine parlamentarische Initiative zur Aenderung des Landwirtschaftsgesetzes vom 28.Oktober 1982, der meint, um auf einer genügenden eigenen Futtergrundlage zu produzieren, dürften im intensiv geführten Ackerbaubetrieb, ohne eine geordnete Fruchtfolge zu gefährden, pro Hektare die folgende Anzahl Mastplätze eingerichtet bzw. Tiere gehalten werden: 4 - 7,5 Rindviehmastplätze, 1,5 - 2 Mutterkühe, 1 - 1,5 Ammenkühe, 4 - 8 Muttersauenplätze oder 7 - 14 Mastsauenplätze (BBl 1983 I 205).

Andere Zahlen gehen von einer Ackerfläche von rund 1300 Quadratmetern für einen Schweinemastplatz aus; maximal könnten demnach 7 - 8 Schweine pro Hektare Land gemästet werden [26].

Auch Stallgebäude für Schafe, Ziegen, Geflügel oder Kaninchen dürfen nur bewilligt werden, wenn eine genügende eigene Futtermittelbasis nachgewiesen ist. So entschied das Verwaltungsgericht Baselland am 27.April 1983, eine Nutzfläche von 2820 Quadratmetern Wiesland reiche für den Nahrungsbedarf von sechs Ziegen, die zusammen mit einer Zuchtstute und einem Saugfohlen gehalten werden sollten, nicht aus. Um den Jahresbedarf von 2,2 Grossvieheinheiten (entsprechend einer Zuchtstute mit Saugfohlen und 5 - 7 Ziegen) zu decken, seien über 9000 Quadratmeter Land erforderlich (BLVGE 1983/84 70).

b) Hofdüngerverwertung

Der Bau eines Oekonomiegebäudes für die Tierhaltung lässt immer auch den Anfall grösserer Mengen von Hofdünger (Mist und Jauche) erwarten. Das Umwelt- und das Gewässerschutzrecht verlan-

---

[26] Amtl.Bull.N 1985 1592 (Votum Bäumlin); Haldimann/Kaufmann, Fleisch, Bern 1985, 30

gen, dass Dünger bodengerecht ausgebracht wird (vgl. Kap. 2.2. a) hievor). Soll eine Ueberdüngung des Bodens vermieden werden, müssen dem in Frage stehenden Betrieb genügend grosse Jauchegruben [27], insbesondere aber <u>Ausbringflächen</u> zur Verfügung stehen, die eine rechtlich einwandfreie Verwertung des anfallenden Hofdüngers erlauben. Als Ausbringfläche in Betracht kommt nicht nur die Betriebsfläche (Eigen- und Pachtland) des Gesuchstellers, sondern auch Land, auf dem angesichts eines in seinem Bestand langfristig gesichert erscheinenden <u>Abnahmevertrages</u> Hofdünger des Gesuchstellers verwertet werden kann [28].

Steht fest, welches Land als Ausbringfläche dienen wird, so ist zu berechnen, welche <u>Menge Hofdünger</u> die Haltung der vorgesehenen Art und Anzahl Tiere verursachen wird. Sodann ist aufgrund der konkreten Lage des Grundstückes, der Beschaffenheit des Bodens und der geltenden Düngevorschriften sowie unter Berücksichtigung allfälliger Düngebeschränkungen oder -verbote (vgl. Kap. 2.2.a) hievor) zu entscheiden, ob die vorhandene Ausbringfläche die Verwertung des zu erwartenden Hofdüngers erlaubt.

Die Praxis geht heute von folgenden Grenzwerten für die Belastbarkeit des Bodens mit Hofdünger aus [29]: Auf Natur- und Kunstwiesen bis 900 Meter über Meer sind bis zu 3 Düngergrossvieheinheiten (DGVE) pro Hektare Land zulässig, auf Naturwiesen über 900 Meter über Meer sowie auf offenem Ackerland 2,5 DGVE pro Hektare Land. Eine DGVE entspricht dabei dem jährlichen Nährstoffanfall einer 600 Kilogramm schweren Kuh; dieser Menge sind gleichzusetzen die jährlichen Ausscheidungen entweder von 2,5 Zuchtschweinen, 6 Mastschweinen, 100 Legehennen, 250 Mast-

---

27 BGE 97 I 468 ff; Bundesämter für Landwirtschaft und Umweltschutz, Wegleitung für den Gewässerschutz in der Landwirtschaft, Kapitel 4 (in der Fassung vom 31.Oktober 1985)

28 BGE 96 I 761 f E.3; Anhang 4.5 Ziff.34 StoV

29 Baumann, 13; Bundesamt für Umweltschutz, Bericht zur Klärschlammverordnung vom 8.April 1981, Tabelle S.21; Bundesämter für Landwirtschaft und Umweltschutz, Wegleitung für den Gewässerschutz in der Landwirtschaft, Dezember 1979 (ergänzt März 1984), Tabelle 3, S.27 und Tabelle 8, S.40 f

poulets, 6 Mutterschafen mit 1 - 2 Lämmern, 5 Milchziegen oder 10 Mutterkaninchen mit Nachwuchs. Höhere Zahlen, die eine teilweise innere Aufstockung landwirtschaftlicher Betriebe ermöglichen, also von einer teilweise bodenunabhängigen Nutzung ausgehen [30], führen langfristig zu einer Ueberlastung des Bodens mit umweltgefährdenden Stoffen, widersprechen damit dem Umweltschutzrecht des Bundes (Art.33 USG; vgl. Kap. 2.2.a) hievor) und kommen deshalb auch nicht für die Anwendung im Raumplanungsrecht in Frage.

In welchem Verhältnis steht nun das in erster Linie gewässer- und umweltschutzrechtlich motivierte Kriterium der Ausbringflächen zum im engeren Sinn raumplanungsrechtlichen Massstab der Futtermittelbasis ?

Regelmässig ist ein landwirtschaftlicher Betrieb, der die Futtermittel für die Ernährung seiner Tiere selber produziert, auch in der Lage, den anfallenden Hofdünger den geltenden Düngevorschriften gemäss auf eigenem Boden auszubringen. Nimmt der Gesuchsteller Hofdünger von anderen Betrieben ab und verwertet ihn auf seinem Boden oder bestehen zum Schutze der Gewässer bzw. wegen der Ueberlastung des Bodens mit umweltgefährdenden Stoffen Düngeverbote oder -beschränkungen (vgl. Kap. 2.2.a) hievor), tritt das Kriterium ausreichender Ausbringflächen in den Vordergrund. Wo dagegen Hofdünger auf Flächen ausserhalb des Betriebs verwertet wird, erweist sich das Vorliegen einer genügenden eigenen Futtermittelbasis als strengeres Bewilligungserfordernis.

c) Anforderungen des Tierschutzrechts

Begrenzen die Erfordernisse einer genügenden eigenen Futtermittelbasis und einer ausreichenden Ausbringfläche für den anfallenden Hofdünger die zonenkonforme Grösse eines Stalles gegen oben, so steht andererseits jedem Tier eine rechtlich garan-

---

[30] Bundesämter für Landwirtschaft und Umweltschutz, Wegleitung für den Gewässerschutz in der Landwirtschaft, Dezember 1979 (ergänzt März 1984), Tabelle 7, S.41 und Anhang III, S.69

tierte minimale Stallfläche zu. Steht fest, welche und wieviele Tiere nach den beiden ersten Kriterien gehalten werden dürfen, ist die Grösse des Stalles anhand der gestützt auf Art.3 Abs.3 des Tierschutzgesetzes vom 9.März 1978 (TschG; SR 455) vom Bundesrat im Anhang 1 zur Tierschutzverordnung vom 27.Mai 1981 (TschV; SR 455.1) erlassenen Mindestanforderungen für das Halten von Haustieren zu überprüfen. So sieht die Tierschutzverordnung Mindestmasse für die Ställe von Rindern, Schweinen, Hühnern und Kaninchen vor.

Eine Baubewilligung für einen Stall kann nur erteilt werden, wenn den Tieren das tierschutzrechtliche Minimum an Stallraum gesichert ist. Beansprucht der Gesuchsteller für seine Tiere dagegen grössere Stallflächen, so steht dies der Zonenkonformität der Baute nicht im Wege, es sei denn, es bestehe die Gefahr, dass der Gesuchsteller seinen Stall mit zusätzlichen Tieren belegen werde, für die dann keine genügende eigene Futtermittelbasis bzw. keine ausreichende Ausbringfläche gesichert erscheint. Die Grösse der Stallfläche pro Tier ist raumplanungsrechtlich insofern begrenzt, als sie betrieblich gerechtfertigt erscheinen muss (vgl. Kap. 3.1. hievor).

d) Sicherung der Bewilligungserfordernisse

Mit der Bewilligung einer Stallbaute entsteht zwischen dem Gemeinwesen und dem Gesuchsteller (sowie dessen allfälligen Rechtsnachfolgern) ein Rechtsverhältnis, welches den Bewilligungsnehmer verpflichtet, sämtliche Bewilligungserfordernisse für die Lebensdauer der Baute aufrechtzuerhalten. Spätere Anpassungen des Betriebs sind nur zulässig, soweit sie eine genügende eigene Futtermittelbasis sowie ausreichende Ausbringflächen erhalten und den Tieren weiterhin das garantierte Minimum an Stallraum gewähren. Die Kontrolle des Betriebs ist Sache der zuständigen kantonalen Behörden, welche im Falle der Nichteinhaltung der Bewilligungserfordernisse die geeigneten verwaltungsrechtlichen Zwangsmittel zu ergreifen haben. Einer zusätzlichen Sicherung, etwa in Form einer Anmerkung im Grundbuch (so

Art.64 Abs.3 BauV AI und Art.19 Abs.1 Bst c BauV AR), bedürfen die Bewilligungserfordernisse nicht [31].

e) Gesetzgeberische Spielräume der Kantone

Auf zwei verschiedenen Ebenen versuchten bisher Kantone die Zonenkonformität von Oekonomiebauten für die Tierhaltung in der Landwirtschaftszone zu ordnen.

Der Kanton Bern knüpft am Kriterium der Futtermittelbasis an. Er lässt selbständige Zucht- und Mastbetriebe zu, "wenn ihre Futterbasis überwiegend auf eigener landwirtschaftlicher Produktion beruht." (Art.80 Abs.3 BauG). Stallbauten dienen aber nur dann der landwirtschaftlichen Nutzung, wenn die Tierhaltung bodenabhängiger Art ist (vgl. Kap. 2.2.b) und c)bb) hievor). Das Bundesrecht verlangt deshalb eine genügende eigene Futtermittelbasis in dem Sinne, als mit ihr sämtliche Tiere des Betriebs vollständig ernährt werden können (vgl. Kap. 3.2.a)bb) hievor). In diesem Rahmen lässt das Raumplanungsgesetz den Kantonen nur eine Möglichkeit, den Kreis zonenkonformer Stallbauten über Betriebe mit genügender eigener Futtermittelbasis hinaus zu dehnen: Sie können vorsehen, dass massgebend nicht die nach dem Betriebskonzept effektive eigene Futtermittelbasis, sondern die mögliche eigene Futtermittelbasis eines Betriebs ist. Flächen, die zwar nicht der Erzeugung von Tierfutter zur Verfügung stehen, ihr aber dienen könnten, also Ackerflächen zur Produktion von Nahrungsmitteln für den Menschen sowie bestimmte Gemüse- und Gartenbaukulturen (Freilandgemüse- und -gartenbauflächen), werden damit der Futtermittelbasis zugerechnet. Nicht in Betracht kommen auch hier die Grundflächen von Gebäuden und Wegen, überdachte Flächen des Garten- und Gemüsebaus, Flächen von Stauden-, Kleingehölz-, Baum- und Rebkulturen des Gartenbaus sowie Obst- und Rebbauflächen - sie alle könnten nicht der Futterproduktion dienen. Muss die Tierhaltung mit dem Ackerbau oder der Graswirtschaft unmittelbar verbunden

---

31 BGE 96 I 765; Gygi, Verwaltungsrecht, 289 f

sein (vgl. Kap. 2.2.b) hievor), so darf eine derartige rechnerische Ausdehnung der Futtermittelbasis nur in untergeordnetem Rahmen Platz greifen. Soweit nicht im erörterten Sinne ausgelegt, verstösst Art.80 Abs.3 BauG somit gegen Bundesrecht. Der erste Teil dieser bernischen Norm, der Zucht- und Mastbetriebe als ergänzende Betriebszweige zulässt, erweist sich nur dann als bundesrechtskonform, wenn "ergänzend" eine vorhandene genügende eigene Futtermittelbasis voraussetzt.

Die beiden Kantone Appenzell sehen für die im übrigen bodenabhängige Tierhaltung die Möglichkeit einer inneren Aufstockung vor, welche sich im landesüblichen Mass bewegen soll (Art.23 Abs.2 Bst a BauG AI und Art.35 Abs.3 EGzRPG AR). Diese innere Aufstockung soll für Betriebe ermöglicht sein, die eine ausreichende Ausbringfläche für die Verwertung des anfallenden Hofdüngers nachweisen (Art.64 Abs.3 BauV AI und Art.19 Abs.1 Bst c BauV AR). Art.22 Abs.2 Bst a i.V.m. Art.16 Abs.1 RPG schliessen aber eine ordentliche Baubewilligung für eine bodenunabhängige Nutzung (vgl. Kap. 2.2.c)bb) hievor) und damit für eine innere Aufstockung aus. Die Bauordnungen der beiden Kantone Appenzell übersehen, dass die Zonenkonformität einer Baute nicht nur ausreichende Ausbringflächen für den anfallenden Hofdünger, sondern ebenfalls eine genügende eigene Futtermittelbasis erfordert. Die innere Aufstockung eines landwirtschaftlichen Betriebs, verstanden als Tierhaltung ohne genügende eigene Futtermittelbasis oder ohne genügende Ausbringflächen, bedarf demnach einer Ausnahmebewilligung im Sinne von Art.24 Abs.1 RPG.

3.3. Oekonomiebauten für landwirtschaftliche Spezialbetriebe

Der in Art.16 Abs.1 Bst a des Raumplanungsgesetzes ausdrücklich erwähnte Gartenbau und ebenso der Gemüse-, Obst- und Rebbau sollen gegenüber der übrigen Landwirtschaft raumplanungsrechtlich nicht privilegiert werden. Die Zulässigkeit von Bauten für diese Spezialkulturen ist vielmehr an denselben Kriterien zu messen, die für Oekonomiegebäude der Landwirtschaft im allgemeinen gelten [32]. Insbesondere können Bauten für Spezialkulturen nur bewilligt werden, wenn und soweit die betreffenden Betriebe bodenabhängig geführt werden (vgl. Kap. 2.2.b) und c)bb) hievor).

a) Garten- und Gemüsebau

Besondere Probleme für den Garten- und Gemüsebau in der Landwirtschaftszone bietet die Frage der Zonenkonformität von Bauten, in denen Pflanzen aufgezogen werden sollen. Bauten zur Aufzucht von Pflanzen können auf ordentlichem Wege nur dann bewilligt werden, wenn sie aus betrieblichen Gründen im Hinblick auf die Freilandbewirtschaftung notwendig (vgl. Kap. 3.1. hievor) und mit dieser unmittelbar verbunden sind [33]; ebenfalls muss der Boden als primärer Produktionsfaktor des geplanten Betriebs erscheinen [34] (vgl. Kap. 2.2.b) hievor).

Mangels Bezug zur Freilandbewirtschaftung stellen Gewächshäuser, in denen die Pflanzen von der Saat bis zum Verkauf verbleiben, keine landwirtschaftlichen Bauten dar [35]. Daran ändert nichts, wenn die Pflanzen direkt im gewachsenen Erdboden des Gewächshauses gezogen werden [36]. Entscheidend dafür ist die Tatsache, dass die Baute die Nutzung des Bodens verändert, und dieser Mangel nur behoben werden kann, sofern die bodenerhaltende Nutzung des freien Landes dieses Gebäudes bedarf. Ist dies nicht der Fall, fehlt dem Vorhaben die Zonenkonformität.

---

32 Pra 1987 113; Baschung, KPG-Bulletin 3/81 7; Schürmann, Bau- und Planungsrecht, 167 f

33 ZBl 1980 132, 1984 182; BVR 1982 396, 402; RB 1982 167; BLVGE 1985 26; LGVE 1985 III 362 f; RDAF 1986 113; Baschung, KPG-Bulletin 3/81 7; Beyeler, 52, 83; EJPD/BRP, 216; Ludwig, BlAR 1980 90; Schürmann, Bau- und Planungsrecht, 168; Zimmerlin, 297

34 Beyeler, 83; Kilchenmann, 138

35 ZBl 1980 132, 1984 181 mit Hinweisen; BLVGE 1985 27; Informationshefte BRP 4/86 13

36 BLVGE 1985 28 f

Als zonenkonforme Bauten können Treibhäuser, Plastiktunnels und andere Kulturräume des Garten- und Gemüsebaus einmal nur dann angesehen werden, wenn sie Produktionsvorgängen dienen, die direkte Vorstufen der Pflanzenaufzucht im freien Land sind.
So haben der Regierungsrat und das Verwaltungsgericht des Kantons Bern in ihren Entscheiden vom 20.Mai 1981 bzw. 31.August 1981 zutreffenderweise die "in vitro-Vermehrung" von Erdbeerjungpflanzen (Zucht von Jungpflanzen aus Gewebestücken von Mutterpflanzen auf künstlichem Nährboden) in einem Kulturraum für sich allein betrachtet als bodenunabhängigen Produktionsvorgang qualifiziert. Der Gesuchsteller beabsichtigte die Pflanzen danach in beheizten Gewächshäusern, später in unbeheizten Plastiktunnels und in einer letzten Phase im freien Land aufzuziehen. Die "in vitro-Vermehrung" der Erdbeeren stellte sich damit als erste Stufe einer letzten Endes bodenabhängigen Bewirtschaftung dar (BVR 1982 398, 402).

Dieser bernische Fall zeigt aber deutlich auf, dass eine Baute, die der Freilandbewirtschaftung als direkte Vorstufe dient, nicht schon aus diesem Grund allein als landwirtschaftliche gelten kann. Vielmehr muss die Bewirtschaftung des nicht überdachten Bodens umgekehrt die geplante Baute notwendig machen. Ein Kulturraum für die "in vitro-Vermehrung" von Erdbeerjungpflanzen kann deshalb nur zonenkonform sein, wenn er betrieblich gerechtfertigt erscheint, mit anderen Worten die Gärtnerei über eine Anbaufläche [37] verfügt, für welche sich die erheblichen Kosten eines Kulturraumes (Investitionen [38], Betriebsunterhalt, Lohnkosten für einen Laboranten) lohnen, ohne dass die Gärtnerei auf die Abnahme der produzierten Erdbeerjungpflanzen durch Dritte angewiesen ist. Diese Ueberlegungen treffen in analoger Weise auch auf Treibhäuser und Plastiktunnels zu.

---

37 BVR 1982 397, 399, 403; RB 1982 167 f; BLVGE 1985 28
38 BVR 1982 395, 398

Schliesslich darf den technischen Einrichtungen (so Kulturräume für die künstliche Vermehrung von Pflanzen, Treibhäuser mit Heizungen, Klimaanlagen, künstlichem Licht, Berieselung und Humusböden sowie Plastiktunnels) [39] im gesamten Betrieb kein den Produktionsfaktor Boden überwiegendes Gewicht zukommen (vgl. Kap. 2.2.b) hievor). Insbesondere muss gewährleistet sein, dass die Pflanzen nur während eines beschränkten Zeitraums in Bauten aufgezogen werden [40], den deutlich überwiegenden Teil der Zeit von der Saat bis zum Verkauf also im offenen Land verbringen. Ob die Pflanzen innerhalb der vorgesehenen Bauten "im wesentlichen unter natürlichen Bedingungen aufgezogen werden" [41], ist für sich allein nicht ausschlaggebend, spielt aber für die Bestimmung des im zu beurteilenden Betrieb primären Produktionsfaktors eine wichtige Rolle. Je weniger technische Einrichtungen benötigt werden, je natürlicher die Pflanzen also aufwachsen, desto eher erscheint der Boden als primärer Produktionsfaktor des Garten- oder Gemüsebaubetriebs.

Ausgehend vom Betriebskonzept des Gesuchstellers (vgl. Kap. 3.1. hievor) ist also jede einzelne projektierte Baute zum Zwecke der Aufzucht von Pflanzen daraufhin zu prüfen, ob sie einem Produktionsvorgang mit dem Charakter einer direkten Vorstufe der Freilandbewirtschaftung dient und ob umgekehrt die Bewirtschaftung des dem Betrieb zur Verfügung stehenden offenen Landes diese Baute erfordert. Trifft dies für die geplanten Gebäude zu und erweist sich der Boden als primärer Produktionsfaktor des Gesamtbetriebes, erweist sich die gewählte Nutzungsart als bodenabhängig. Mit der ordentlichen Baubewilligung können nur Vorhaben verwirklicht werden, die vollständig und nicht nur teilweise bodenabhängig sind.

---

39 ZBl 1978 493, 1980 132, 1984 181; Pra 1987 113; BLVGE 1985 27; Informationshefte BRP 4/86 13 f; Baschung, KPG-Bulletin 3/81 7; EJPD/BRP, 216; Schürmann, Bau- und Planungsrecht, 169 f

40 Baschung, KPG-Bulletin 3/81 7

41 ZBl 1980 132, 1984 181; BLVGE 1985 27

Zu kritisieren ist deshalb ein Urteil des Verwaltungsgerichtes des Kantons <u>Baselland</u> vom 11.September 1985, welches einem Gärtnereibetrieb mit einer Anbaufläche von 4'400 Quadratmetern den Bau von insgesamt sechs Glashäusern bewilligte. Erwiesen sich ein Anzucht- und ein Abhärtungshaus zur Vorbereitung des Saatguts für die Verpflanzung ins freie Land und mit einer Grundfläche von zusammen 486 Quadratmetern als bodenabhängig, so sollten die vier weiteren Häuser, ein Rosenhaus und drei Kulturhäuser, welche zusammen eine Fläche von 1'254 Quadratmetern beanspruchten, der Aufzucht von Pflanzen vom Aussäen bzw. Anpflanzen bis zum Verkauf dienen. Das Gericht selbst bezeichnete diese Kulturen als bodenunabhängig. Trotzdem betrachtete es das gesamte Projekt als zonenkonform mit der Begründung, die von den bodenunabhängigen Glaskulturen beanspruchte Fläche mache 28,5 Prozent der gesamten Anbaufläche aus, weshalb noch von einem überwiegend bodenabhängigen Betrieb gesprochen werden könne (BLVGE 1985 28). Das Verwaltungsgericht des Kantons Baselland hätte dagegen - gemessen an den erörterten Kriterien - einzig die Zonenkonformität des Anzucht- und des Abhärtungshauses bejahen dürfen. Das Urteil verletzt aber nicht nur Art.22 Abs.2 Bst a i.V.m. Art.16 Abs.1 RPG, sondern bereits den sich aus Art.22^{quater} Abs.1 der Bundesverfassung ergebenden Grundsatz der Trennung von Bau- und Nichtbaugebiet (vgl. Kap. 1.2. hievor). Das Gericht bewilligte nämlich nicht nur den Bau von bodenunabhängigen Gewächshäusern im Umfange von 28,5 Prozent der Parzellenfläche, sondern die Ueberbauung von insgesamt 39,5 Prozent des verfügbaren Landes - ein Verhältnis zwischen Bautengrundfläche und Umschwung, das einzig Bauzonen, keinesfalls dagegen Nichtbauzonen ansteht [42].

---

[42] Fragwürdig erscheint deshalb der BGE vom 1.Oktober 1986 i.S. Pfenninger, der nach oberflächlicher Prüfung des Falles auf S.15, E.4 einen Grenzfall erkennt und die Beschwerde gegen das Urteil des Verwaltungsgerichts Baselland abweist.

Im Ergebnis richtig mag ein Urteil des Verwaltungsgerichts des Kantons Zürich vom 25.November 1982 sein, welches allerdings mangels Landwirtschaftszone im Sinne des Bundesrechts in Anwendung von Art.24 Abs.1 RPG erging. Das Gericht erteilte die Baubewilligung für ein fünfteiliges Gewächshaus, das mit einer Gebäudegrundfläche von 2735 Quadratmetern rund 10 Prozent der in Frage stehenden Parzelle beanspruchte. Es erschien dem Gericht praktisch kaum überprüfbar, wofür die geplanten Gewächshäuser benötigt würden. Solange die überdeckten Produktionsflächen nicht mehr als 10 Prozent der gesamten Bewirtschaftungsfläche ausmachten, sei nach betrieblichen Gesichtspunkten ein genügend enger Zusammenhang mit der Freilandgärtnerei vorhanden (RB 1982 167 f). Dagegen hätte jedenfalls die Zonenkonformität dieses fünfteiligen Gewächshauses nicht ohne eine Bewertung seiner Bodenabhängigkeit bejaht werden können. Wenn auch Erfahrungswerte dafür sprechen mögen, dass ein Gartenbaubetrieb, dessen Gewächshäuser 10 Prozent des Bodens bedecken, bodenabhängig geführt wird, erfordert doch Art.22 Abs.2 Bst a RPG, dass die Zonenkonformität jeder projektierten Baute einzeln geprüft wird[43].

Diese Prüfung nahmen im erwähnten Fall aus dem Kanton Bern sowohl der Regierungsrat wie auch das Verwaltungsgericht vor. Danach stand fest, dass der Kulturraum wie auch die Treibhäuser in nicht unbeträchtlichem, aber gemessen am Betriebsganzen untergeordnetem Umfang der Aufzucht von Pflanzen dienen sollten, die nicht ins freie Land versetzt würden (BVR 1982 398 f, 403). Aehnlich wie im Fall aus dem Kanton Baselland wurde aber, trotzdem also die teilweise Bodenunabhängigkeit der Bauten feststand, die Baubewilligung mit der Begründung erteilt, der Betrieb bringe zur Hauptsache bodenabhängige Erzeugnisse hervor (BVR 1982 393, 397). Diese Tatsache hätte aber nicht nur zu Bedenken bezüglich der Zonenkonformität der Bauten (BVR 1982 400), sondern zum Schluss führen müssen, die geplanten Oekonomiegebäude seien überdimensioniert. Immerhin sah das Projekt

---

43 EJPD/BRP, 271, 281

vor, die für einen Gartenbaubetrieb an sich grosse Fläche von 35'700 Quadratmetern auf rund 8'400 Quadratmetern oder 23,5 Prozent des Bodens zu überbauen (BVR 1982 399).

Die Zulässigkeit der <u>übrigen Betriebsgebäude</u> für den Garten- und Gemüsebau in der Landwirtschaftszone richtet sich nach den allgemeinen Grundsätzen (vgl. Kap. 3.1. hievor). So sind im einzelbetrieblich notwendigen Ausmass zonenkonform Einstellräume für Bewirtschaftungsgeräte und Maschinen [44], Lagerräume für landwirtschaftliche Hilfsstoffe (etwa Samen, Gartenerde, Dünger) [45], Räume für das Ein- und Umtopfen von Pflanzen [46] sowie für die vorübergehende Lagerung der garten- und gemüsebaulichen Produkte [47], Büroräumlichkeiten und Toiletten [48].

Zur ordentlichen Bewirtschaftung als unverhältnismässig gross erschien dem Bundesgericht in seinem Entscheid vom 25.März 1981 eine Scheune mit einer Grundfläche von 408 Quadratmetern und einer Firsthöhe von 12,45 Metern, welche als Betriebsgebäude für eine Baumschule mit einer Anbaufläche von zunächst 3300 Quadratmetern und später einer Hektare dienen sollte (ZBl 1981 374 ff).

Generell nicht zonenkonform erscheint dagegen, genauso wie für die übrige Landwirtschaft, der Bau von Verkaufsräumen oder -geschäften [49]. Der Verkauf der vom Betrieb erzeugten Produkte macht keine speziellen Räumlichkeiten erforderlich, sondern kann direkt vom freien Land oder von einem der zulässigen Oekonomiebauten erfolgen.

---

44 ZBl 1981 376; BVR 1982 397; RDAF 1986 112 f
45 ZBl 1981 376; BVR 1982 397, 399
46 ZBl 1981 376; BVR 1982 397 f; RDAF 1986 112 f
47 RDAF 1986 45
48 BVR 1982 399; RDAF 1986 45, 112 f
49 LGVE 1985 III 363 f; RDAF 1986 45; a.M.: BVR 1982 398, 400, 403, wo der Verkaufsladen allerdings bereits bestand, und Zaugg, Kommentar, 417

Neben dem Handel mit Produkten des eigenen Betriebs sind nicht dem landwirtschaftlichen, sondern dem gewerblichen Garten- und Gemüsebau zuzurechnen ebenfalls der Handel mit zugekauften garten- oder gemüsebaulichen Erzeugnissen und mit Gartenartikeln (Bsp. Gartencenter) [50], der verarbeitende Gartenbau (Bsp. Blumenbindereien) [51], der bauhandwerklich ausgerichtete Gartenbau (Bsp. Gartengestaltungsbetriebe, Friedhofgärtnereien) [52] sowie reine Vermehrungsbetriebe [53]. Diesen Zwecken dienende Bauten dürfen in der Landwirtschaftszone nur unter den Voraussetzungen von Art.24 Abs.1 RPG bewilligt werden (vgl. Kap. 2.2.b) hievor).

b) Obst- und Rebbau

Der Obst- und der Rebbau rechtfertigen regelmässig nur den Bau von Gerätehäuschen in angemessener Grösse zum Bewirtschaftungszweck und zum verfügbaren Land (vgl. Kap. 3.1. hievor).

So erachtete das Verwaltungsgericht des Kantons Baselland in seinem Urteil vom 11.November 1981 ein Häuschen mit einer Grundfläche von 9,9 Quadratmetern und einer Höhe von 2,45 Metern als für die landwirtschaftliche Nutzung von rund 90 Obstbäumen auf einem 5000 Quadratmeter messenden Grundstück als nicht unbedingt notwendig (BLVGE 1981 55 f).

Der Regierungsrat des Kantons Thurgau hielt die Bewirtschaftung von rund 400 Rebstöcken auf einer Fläche von 1119 Quadratmetern - und ebenso diejenige einer allenfalls auf rund 1900 Quadratmeter vergrösserten Rebfläche - durch einen Kleintraktor mit aufgesattelter Spritze sowie Hacke und Mulchgerät als betriebswirtschaftlich nicht geboten. Eine Beschwerde gegen den für das

---

50 ZBl 1978 493; BVR 1982 397, 400; RDAF 1986 45; Beyeler, 54, 84; Ludwig, BlAR 1980 90; Schürmann, Bau- und Planungsrecht, 168; Zaugg, Kommentar, 417

51 Beyeler, 53

52 BVR 1982 402; LGVE 1985 III 363 f; Beyeler, 54; Kilchenmann, 138; Ludwig, BlAR 1980 90; Schürmann, Bau- und Planungsrecht, 168; Zaugg, Kommentar, 417

53 Beyeler, 53; Schürmann, Bau- und Planungsrecht, 168

projektierte Rebhäuschen mit einer Nettogeschossfläche von 19 Quadratmetern erteilten Bauabschlag wies das Bundesgericht ab (BGE vom 6.Mai 1986 i.S. Stutz, vgl. Kap. 3.1. hievor).

Im Kanton Aargau werden Rebhäuschen erst ab einer Mindestrebfläche von 2000 Quadratmetern und mit einer maximalen Gebäudegrundfläche von 2 x 3 Metern bewilligt [54].

Als massgebende Nutzfläche ist nur Rebland in Betracht zu ziehen, welches im Rebbaukataster (vgl. Kap. 2.1.c)bb) hievor) verzeichnet ist.

Die Verarbeitung und die Lagerung von Obst und Trauben bzw. deren Säften sind von der Nutzung des Bodens zu weit entfernt, um mit der Landwirtschaft noch unmittelbar verbunden zu sein. Kühlhäuser, Mostereien, Keltereien und Kellereien sind deshalb in der Landwirtschaftszone nicht zonenkonform und grundsätzlich in Bauzonen zu verweisen [55] (vgl. Kap. 2.2.b) hievor).

c) Gesetzgeberische Spielräume der Kantone

Drei Kantone, nämlich die beiden Kantone Appenzell sowie der Kanton Bern, versuchten in ihren Einführungsgesetzen zum eidgenössischen Raumplanungsgesetz zu verdeutlichen, welche dem Gartenbau dienende Bauten in der Landwirtschaftszone zulässig sind.

Die erlassenen kantonalen Normen sind an zwei Schranken des Bundesrechts zu messen: Einerseits erscheint landwirtschaftlicher Art nur der bodenabhängige Gartenbau (vgl. Kap. 2.2.c)bb) und 3.3.a) hievor). Andererseits muss dem landwirtschaftlichen Gartenbau eine der übrigen Landwirtschaft gleichberechtigte Stellung eingeräumt werden; die Kantone müssen ihn in der Landwirtschaftszone zulassen (vgl. Kap. 2.2.c)bb) und cc) hievor).

Den Kantonen ist die Möglichkeit belassen, in der Landwirtschaftszone die Geschosszahl von Gewächshäusern zu beschränken.

---

54 Zimmerlin, 296 mit Hinweis auf einen Entscheid des Verwaltungsgerichts des Kantons Aargau vom 18.November 1977
55 BVR 1979 35, 37; Ludwig, BlAR 1980 90

In Art.80 Abs.4 seines Baugesetzes entschied sich der Kanton Bern, nurmehr eingeschossige Gewächshäuser zuzulassen. Einstökkige Gewächshäuser betonen das bundesrechtliche Erfordernis der Bodenabhängigkeit, indem sie einen Gartenbau mit einem geringen Anteil an technischen Hilfsmitteln ermöglichen, ohne aber diese Spezialkultur aus der Landwirtschaftszone zu weisen.

Denkbar ist im weiteren eine zahlenmässige Beschränkung der Treibhausdichte. So bezeichnet der Kanton Appenzell-Ausserrhoden in Art.24 Bst b seiner Bauverordnung nur Gärtnereien als bodenabhängig, die ihre Pflanzen zu weniger als 20 Prozent der gesamten Fläche in Treibhäusern oder ähnlichen Anlagen mit künstlichem Klima aufziehen. Hier ist allerdings anzumerken, dass diese kantonale Norm die Bewilligungsbehörde nicht davon befreit, jedes Projekt anhand der erläuterten Kriterien auf seine Bodenabhängigkeit hin zu prüfen. Nur bodenabhängige Bauten lässt das Bundesrecht zu; das kantonale Recht beschränkt diese zusätzlich auf höchstens einen Fünftel der Anbaufläche. Müssen die Kantone den Gartenbau in der Landwirtschaftszone zulassen, garantiert das Bundesrecht diesem Zweig der Landwirtschaft ein Minimum an bodenabhängigen Bauten. In Anbetracht der den besprochenen Urteilen zugrundeliegenden Verhältnissen (vgl. Kap. 3.3.a) hievor) dürfte jedenfalls eine Festlegung des maximalen Treibhausanteils auf 10 Prozent der Anbaufläche mit dem Bundesrecht vereinbar sein. Umso mehr trifft dies für die vom Kanton Appenzell-Ausserrhoden gewählte Grenze von 20 Prozent zu [56].

Dagegen sind bundesrechtswidrig kantonale Normen, welche Bauten für Gärtnereien zulassen, die überwiegend Pflanzen aufziehen (Art.80 Abs.4 BauG BE, Art.24 Bst a BauV AR) oder in denen lediglich ein untergeordneter Teil der Kulturen dauernd in Treibhäusern oder ähnlichen Bauten gehalten werden (Art.64 Abs.4

---

[56] Darbellay/Chauvie/Widmann, Informationshefte BRP 3/82 10 und 26, schlagen eine Beschränkung der Treibhausdichte auf 10-20 Prozent der Gutsfläche vor.

BauV AI, Art.25 Abs.1 BauV AR). Diese Gesetzestexte zielen nämlich darauf ab, in einem gewissen Rahmen den bodenunabhängigen Gartenbau, etwa den Handel mit Gartenartikeln oder den gestalterischen Gartenbau, in der Landwirtschaftszone zu ermöglichen [57]. Dagegen verlangt das Bundesrecht eine vollständige Bodenabhängigkeit von Bauten in der Landwirtschaftszone.

Um die Landschaft zu schonen (Art.3 Abs.2 RPG) oder allfälligen Zweckänderungen vorzubeugen, darf im kantonalen Recht die Zulässigkeit von <u>Gerätehäuschen</u>, insbesondere von Rebhäuschen, beschränkt werden. In Frage kommen die Festlegung von <u>Mindestanbauflächen</u> als Bewilligungsvoraussetzung und von <u>Höchstmassen</u> dieser Bauten [58].

3.4. Zusammenfassung

Die Zonenkonformität von landwirtschaftlichen Oekonomiebauten beurteilt sich ausgehend vom Betriebskonzept des Gesuchstellers nach objektiven Kriterien. Die projektierten Bauten müssen für die gewünschte Nutzungsart und für die Fläche des zu bewirtschaftenden Landes nach betriebswirtschaftlichen Grundsätzen notwendig sein. Ob der Boden im Haupt- oder Nebenberuf oder in der Freizeit bewirtschaftet werden soll, ist nicht massgebend. Die Kantone können allerdings strengere Massstäbe für die Prüfung der Zonenkonformität von landwirtschaftlichen Betriebsbauten vorsehen. Insbesondere sind sie frei, die Zulässigkeit der Erstellung von Oekonomiebauten auf die berufsmässige - bezüglich landwirtschaftlich geeigneten Gebieten (Art.16 Abs.1 Bst a RPG) gar auf die hauptberufliche - Landwirtschaft zu beschränken.

Diese Grundsätze bedürfen zur Anwendung auf Betriebsgebäude der Tierhaltung und landwirtschaftlicher Spezialbetriebe der Konkretisierung.

[57] Ludwig, KPG-Bulletin 2/83 14
[58] Pfammatter, 146; Zimmerlin, 296

Oekonomiegebäude für die Tierhaltung erweisen sich nur dann als mit dem Ackerbau oder der Graswirtschaft unmittelbar verbunden und damit bodenabhängig, wenn der zu erwartende Futterertrag der dem Futterbau dienenden Anbauflächen des Betriebs geeignet ist und ausreicht, um die Art und Anzahl Tiere zu ernähren, für die die geplante Stallbaute konzipiert ist. Der Baugesuchsteller muss damit eine genügende eigene Futtermittelbasis seines Betriebs nachweisen. Die zulässige Grösse von Stallbauten bestimmt sich darüber hinaus nach den ausgewiesenen Ausbringflächen für die Hofdüngerverwertung und den Anforderungen des Tierschutzrechts. Die Kantone geniessen einen geringen gesetzgeberischen Spielraum insofern, als sie in einem bestimmten Masse statt auf die effektive eigene Futtermittelbasis auf die mögliche eigene Futtermittelbasis abstellen können. Dagegen verstösst die Ermöglichung einer inneren Aufstockung der Tierhaltung in Landwirtschaftsbetrieben gegen Bundesrecht.

Zonenkonform sind Bauten des Garten- und Gemüsebaus, in denen Pflanzen aufgezogen werden, einzig wenn sie Produktionsvorgängen dienen, die direkte Vorstufen der Pflanzenaufzucht im freien Land sind sowie angesichts der verfügbaren Anbaufläche betrieblich gerechtfertigt erscheinen. Zudem muss im Betriebsganzen dem Boden die Stellung des gegenüber den technischen Einrichtungen primären Produktionsfaktors eingeräumt sein. Die Kantone dürfen die Geschosszahl der Gewächshäuser und deren Anteil an der Anbaufläche über das bundesrechtliche Erfordernis der Bodenabhängigkeit hinaus soweit beschränken, als die Gleichstellung des bodenabhängigen Gartenbaus mit der übrigen Landwirtschaft (Art.16 Abs.1 Bst a RPG) erhalten bleibt. Das Bundesrecht schliesst demgegenüber die teilweise Zulassung des bodenunabhängigen Gartenbaus aus. In der Landwirtschaftszone sind nur Bauten zugelassen, die sich vollständig bodenabhängig erweisen.

Für den Obst- und Rebbau dürfen regelmässig nur Gerätehäuschen bescheidenen Ausmasses erstellt werden. Deren Zulässigkeit dürfen die Kantone zudem durch das Erfordernis einer Mindestanbaufläche und durch Höchstmassbestimmungen einschränken.

4. LANDWIRTSCHAFTLICHE WOHNBAUTEN

4.1. Grundsätze

Ebenso wie Oekonomiebauten müssen in der Landwirtschaftszone zu errichtende Wohnbauten dem Zweck dieser Nutzungszone entsprechen; sie haben der landwirtschaftlichen Nutzung zu dienen (Art.22 Abs.2 Bst a i.V.m. Art.16 Abs.1 RPG; vgl. Kap. 2.2. und 3.1. hievor).

Massgebend für die Bewilligung von Wohnraum in der Landwirtschaftszone sind damit nicht die subjektiven Bedürfnisse des Gesuchstellers [1], sondern die objektiven Bedürfnisse des nach einem bodenabhängigen Konzept geführten Betriebs. Mit anderen Worten muss die ordentliche Bewirtschaftung des Bodens die dauernde Anwesenheit von bestimmten Personen notwendig machen [2].

Zunächst ist aufgrund der gewählten Nutzungsart und der Fläche des zu bewirtschaftenden Landes [3] (vgl. Kap. 3.1. hievor) zu prüfen, welche Zahl von Arbeitsplätzen der in Frage stehende Betrieb der Bewirtschaftung bodenabhängiger Art bietet.

Ein Gesuch für die Erstellung von Wohnbauten zu einem 13,6 Hektaren landwirtschaftliche Nutzfläche umfassenden Betrieb hatte das Verwaltungsgericht des Kantons Aargau am 15.Dezember 1978 zu beurteilen. Die Gesuchsteller beabsichtigten, auf zwei bis drei Hektaren Land bodenabhängigen Gemüsebau und im übrigen Akkerbau zu betreiben. Das Gericht stützte seinen Entscheid auf einen ausgewiesenen Arbeitskräftebedarf des Betriebs von drei bis vier Personen (AGVE 1978 210, 213 f).

---

[1] ZBl 1979 357; Pra 1987 112; PVG 1985 95; Brändli, 113

[2] ZBl 1979 357; Pra 1987 111; BGE vom 1.März 1982 i.S. Ferrari, S.9; BVR 1982 54; RJN 1982 181; Aemisegger, Landwirtschaftliche Nutzung, 54; Brändli, 113; EJPD/BRP, 219; Schürmann, Bau- und Planungsrecht, 170; Zimmerlin, 297

[3] BVR 1982 54

Das gleiche Gericht befand am 16.Juni 1980, zur Bewirtschaftung eines Landwirtschaftsbetriebes mit 29 Hektaren Land, auf dem im wesentlichen Viehzucht sowie zu deren Unterstützung Ackerbau betrieben wird, seien drei volle Arbeitskräfte notwendig (AGVE 1980 266) [4].

Bis zur Zahl der vorhandenen Arbeitsplätze haben grundsätzlich Anspruch auf Wohnraum in der Landwirtschaftszone diejenigen Personen, die auf dem betreffenden Hof hauptberuflich [5] tätig sind.

Wohnraum für den Betriebsleiter und in grösseren Betrieben für weitere vollerwerbstätige Hilfskräfte erweist sich allerdings nur unter der weiteren Voraussetzung als zonenkonform, dass deren dauernde Anwesenheit [6] betriebsnotwendig ist. Der ständigen Betreuung bedürfen regelmässig Tiere [7], jedenfalls wo sie als Milch- oder Zuchttiere gehalten werden. Dagegen kann in der Tiermast [8] eine Ueberwachung der Tiere mit technischen Geräten [9] an die Stelle der Anwesenheit der verantwortlichen Personen treten, allerdings nur soweit damit den Bedürfnissen der Tiere in gleichwertiger Weise entsprochen wird (Art.2, Art.3 Abs.1 TschG, Art.1 - 3 TschV). Gemäss bundesgerichtlicher Pra-

---

4 Detaillierte Zahlen zum Arbeitszeitbedarf in der Landwirtschaft finden sich in: Landwirtschaftliches Handbüchlein zum Wirz-Kalender 1987, Kapitel 62, S.148-158, bearbeitet von der Sektion Arbeitswirtschaft der Eidg. Forschungsanstalt für Betriebswirtschaft und Landtechnik, 8356 Tänikon. Die Autoren rechnen pro volle Arbeitskraft und Jahr 2700 Arbeitsstunden (S.154); Weber, 10, bezeichnet als Vollerwerbsbetriebe solche mit einem Bearbeitungsaufwand von über 2500-3000 Stunden pro Jahr.

5 Pra 1987 111; BLVGE 1985 29; Extraits 1984 58; Darbellay/Chauvie/Widmann, Informationshefte BRP 3/82 10, 26; EJPD/BRP, 219; Schürmann, Bau- und Planungsrecht, 171; Zaugg, Kommentar, 415

6 Pra 1987 111; RJN 1982 181; RB 1985 154

7 ZBl 1978 494 oben; PVG 1981 78

8 Bieri, Informationshefte BRP 2/84 6

9 BGE 103 Ib 118

xis gelten hingegen Schafe als weitgehend anspruchslos und müssen deshalb nur periodisch kontrolliert werden [10]; dies dürfte für Betriebe, in denen regelmässig Geburten zu erwarten sind, allerdings nicht mehr zutreffen. Ebenso ist eine dauernde Anwesenheit für die Nutzungsarten des Acker-, Obst- und Rebbaus entbehrlich. Die Notwendigkeit der dauernden Anwesenheit von Personen auf dem Hof bestimmt sich aber nicht einzig durch die Nutzungsart [11], sondern ebenfalls durch die Entfernung des Betriebs zur nächstgelegenen Bauzone [12]. Je näher die Wirtschaftsgebäude des Hofes an der Bauzone liegen, desto eher kann der Betrieb vom Baugebiet aus geführt werden. Zu berücksichtigen sind neben der Distanz auch die topographischen Gegebenheiten. Eine Wohnbaute rechtfertigt sich in der Landwirtschaftszone nur, wenn mit ihrer Erstellung wesentliche betriebliche Vorteile verbunden sind. Dies kann auch für einen Betrieb zutreffen, der von der Art der Nutzung des Bodens her nicht auf die dauernde Anwesenheit bestimmter Personen angewiesen ist. So lässt sich Wohnraum zu einem Ackerbaubetrieb trotzdem begründen, sofern der Hof von der nächsten Bauzone erheblich entfernt liegt [13].

Die Frage der Notwendigkeit dauernder Anwesenheit des Betriebsleiters oder anderer Personen bietet insbesondere im Garten- und Gemüsebau Abgrenzungsschwierigkeiten. Je grösser nämlich die Zahl der Treibhäuser und der Einsatz weiterer technischer Hilfsmittel ist, desto eher scheint sich ein Bedarf dauernder

---

10 BGE 108 Ib 135; ZBl 1982 557

11 BGE 103 Ib 120 (Baumschule); BVR 1979 35 ff und PVG 1981 78 (beide Rebbau); Beyeler, 85; Darbellay/Chauvie/Widmann, Informationshefte BRP 3/82 10, 25; Hess, 43; Ludwig, BlAR 1980 92; Schürmann, Bau- und Planungsrecht, 170

12 BGE 103 Ib 112; Pra 1987 111; ZBl 1979 482; AGVE 1978 207; BVR 1979 35; PVG 1981 78, 1983 70, 1985 96; Darbellay/Chauvie/Widmann, Informationshefte BRP 3/82 10, 25 f; Zimmerlin, 297

13 Darbellay/Chauvie/Widmann, Informationshefte BRP 3/82 10, 26; Hess, 43

Ueberwachung des Betriebs zu rechtfertigen [14]. Raumplanungsrechtlich von Belang ist dies jedoch nur, soweit der Betrieb bodenabhängig geführt wird (vgl. Kap. 3.3.a) hievor). Zudem ist zu beachten, dass Garten- und Gemüsebaubetriebe oft in der Nähe des Baugebietes liegen und sich aus diesem Grund Wohnbauten in der Landwirtschaftszone selten betrieblich begründen lassen [15].

Der bereits oben kritisierte Entscheid des Verwaltungsgerichts des Kantons **Baselland** vom 11.September 1985 (vgl. Kap. 3.3.a) hievor) erweist sich auch unter dem Aspekt der Zulässigkeit von Wohnbauten in der Landwirtschaftszone als falsch. Hätte nämlich das Gericht als Oekonomiebauten nur bodenabhängige Gewächshäuser bewilligt, hätte es die Betriebsnotwendigkeit eines Doppeleinfamilienhauses auf dem Gärtnereigelände und in unmittelbarer Nähe des Baugebietes kaum begründen können. Der wesentlich geringere Umfang an technischen Einrichtungen hätte eine Ueberwachung des Betriebs vom Baugebiet aus ermöglicht (BLVGE 1985 29 f). Hätten sämtliche Oekonomiebauten vorbestanden und wäre nur ein Baugesuch für die Erstellung der Wohnbaute zu beurteilen gewesen, hätte das Gericht die bodenunabhängigen Gewächshäuser nicht in Betracht ziehen dürfen. Die Ueberwachung der beiden bodenabhängigen Gewächshäuser mit einer Fläche von 486 Quadratmetern und der Freilandfläche von 2660 Quadratmetern hätte die dauernde Anwesenheit der Gesuchsteller auf dem Betriebsgelände selbst nicht rechtfertigen können.

Steht fest, für wieviele hauptberufliche Arbeitskräfte die dauernde Anwesenheit auf dem Hof betriebsnotwendig ist, stellt sich die Frage nach dem **Personenkreis**, dem Wohnraum in der Landwirtschaftszone zukommt. Nicht nur hauptberufliche **Betriebsleiter** und hauptberufliche **Hilfskräfte** dürfen in der Landwirtschaftszone Wohnraum beanspruchen, sondern auch deren **Famili-**

---

[14] AGVE 1978 212 f; BLVGE 1985 29 f; Informationshefte BRP 4/86 14

[15] LGVE 1985 III 363; BLVGE 1985 29; Extraits 1984 58; Informationshefte BRP 4/86 14; Darbellay/Chauvie/Widmann, Informationshefte BRP 3/82 10, 25 f

en [16]. Der Wohnraumanspruch der bäuerlichen Familien lässt sich allerdings nicht allein mit der Notwendigkeit für die Bewirtschaftung des Bodens begründen. Vielmehr ergibt sie sich in erster Linie aus der Sozialstruktur der landwirtschaftlichen Bevölkerung. Dabei darf nicht übersehen werden, dass auch die Familienmitglieder im Betrieb regelmässig wesentliche Arbeiten verrichten. Dies wiederum hat das Raumplanungsrecht zu berücksichtigen.

So entschied das Verwaltungsgericht des Kantons Aargau im bereits erwähnten Urteil vom 16.Juni 1980, die Notwendigkeit der Beschäftigung von drei vollen Arbeitskräften auf einem Betrieb gebe zwar drei Einzelpersonen Anspruch auf Wohnraum in der Landwirtschaftszone, nicht aber drei Familien. Die Hilfeleistung von Angehörigen zweier Familien mache eine ganze Arbeitskraft aus. Es lasse sich daher Wohnraum nur für zwei Familien begründen (AGVE 1980 266).

Zur Familie des hauptberuflichen Landwirten zählen dessen (Ehe-)Partner sowie dessen Kinder. Wohnraum darf nur für Kinder erstellt werden, deren Eltern für sie unterhaltspflichtig sind (Art.277 ZGB). Dies trifft zu für alle minderjährigen Kinder; mündige Kinder haben dagegen nur dann Anspruch auf Wohnraum im elterlichen Hof, wenn sie sich noch in Ausbildung befinden (Art.277 Abs.2 ZGB) [17]. Zu berücksichtigen ist zudem die Tatsache, dass Wohnbauten auf Dauer erstellt werden [18], Kinder andererseits früher oder später mündig werden. Dementsprechend muss die Baute so dimensioniert sein, dass sie dem langfristigen mittleren Wohnbedarf der Familie angepasst ist und nicht dem Bedarf zu Spitzenzeiten [19].

---

16 Pra 1987 111; Zimmerlin, 297
17 Zaugg, Kommentar, 415
18 BVR 1982 53
19 a.M.: BVR 1982 55 bezüglich Stöckli

Haben hauptberufliche Arbeitskräfte bereits Anspruch auf Wohnraum im Betrieb, wenn ihre dauernde Anwesenheit notwendig erscheint, dürfen Bauten für Wohnzwecke der Familie nur soweit erstellt werden, als die Erträge des Betriebs deren wirtschaftliche Existenz zu sichern vermögen. Der Betrieb muss also eine genügende Existenzgrundlage [20, 21] für den hauptberuflichen Landwirten und dessen Familie bieten. Begründet wird dies mit der Gefahr der Zweckänderung, dem Wohnraum nicht rentabler Landwirtschaftsbetriebe ausgesetzt ist [22].

In seinem Urteil vom 22.Dezember 1982 erachtete das Verwaltungsgericht des Kantons Neuenburg die Bewirtschaftung einer Fläche von 14,5 Hektaren Land als zum Unterhalt einer, aber nicht zweier Familien genügend. Der Gesuchsteller hatte im Jahre 1981 im Hinblick auf die Sicherung der Existenz zweier Familien vom Bundesamt für Landwirtschaft eine Stallbaubewilligung für die bodenunabhängige Zucht von Schweinen und Geflügel erhalten. Zur Beurteilung der Existenzgrundlage des Betriebs stellte das Gericht zurecht nicht darauf, sondern einzig auf die bodenabhängige Bewirtschaftung der verfügbaren landwirtschaftlichen Nutzfläche ab (RJN 1982 182).

Das Verwaltungsgericht des Kantons Aargau sprach sich in zwei Entscheiden zur Frage der genügenden Existenzgrundlage aus. Im Urteil vom 16.Juni 1980 befand es, ein 29 Hektaren Land umfassender Landwirtschaftsbetrieb, auf dem im wesentlichen Viehzucht und im übrigen Ackerbau betrieben werde, garantiere eine Existenz für zwei Familien (AGVE 1980 266). Am 6.April 1983 beurteilte das Gericht einen Hof mit einer Bewirtschaftungsfläche

---

20 BGE 103 Ib 113 f; BGE vom 1.März 1982 i.S. Ferrari, S.9; BGE vom 1.Dezember 1982 i.S. Brosi, S.4 f; RDAF 1982 47; RJN 1982 181; PVG 1983 68; Extraits 1984 58; Aemisegger, Landwirtschaftliche Nutzung, 53; Beyeler, 84; Hess, 43; Ludwig, BlAR 1980 91 f; Schmid, 122; Zimmerlin, 297

21 Vgl. Art.620 Abs.1 und 2 ZGB und dazu: BGE 107 II 37; Hess, 45; Tuor/Schnyder, 526 f

22 RDAF 1982 47; RJN 1982 181

von gegen 50 Hektaren Land, auf dem der Baugesuchsteller Rindermast mit etwa 300 Mastplätzen sowie Maisanbau betrieb. Das Urteil stellte ab auf eine betriebliche Existenzgrundlage für zwei bis drei Familien (ZBl 1983 461).

Bietet der Betrieb einer Familie eine Existenzgrundlage, so hat sie Anspruch auf die Erstellung einer Wohnung. Die Zahl der Familienmitglieder bestimmt die Zahl bzw. die Grösse der Zimmer. Ein Anspruch auf zusätzliche Wohneinheiten besteht aber auch für grosse Familien nicht [23].

Schlussendlich ist abzuklären, ob nicht bereits bestehender Wohnraum in der Landwirtschaftszone für die Bedürfnisse des Betriebs genutzt wird oder genutzt werden könnte. Im entsprechenden Umfang ist die Erstellung von neuem Wohnraum nicht zulässig [24].

4.2. Wohnraum für die abtretende Generation

Unter besonderen Voraussetzungen wird neben Wohnraum für die hauptberuflichen Arbeitskräfte eines Landwirtschaftsbetriebes und deren Familien (vgl. Kap. 4.1. hievor) auch solcher für die abtretende Generation als zonenkonform betrachtet [25].

Insbesondere soll damit die bäuerliche Sozialstruktur erhalten werden [26]. Die Vorgänger hätten das Anrecht, nach einer Uebergabe des Heimwesens weiterhin auf dem Hof zu leben und nicht in eine Wohnbaute innerhalb der Bauzone umziehen zu müssen. Damit

---

23 AGVE 1980 267

24 BGE 100 Ib 403 f, 103 Ib 119; ZBl 1979 483; PVG 1985 95

25 Pra 1987 111; PVG 1982 79, 1983 63; Aemisegger, Landwirtschaftliche Nutzung, 54; Brändli, 113; EJPD/BRP, 219; Hess, 44; Ludwig, Baurecht 1980 6; Schürmann, Bau- und Planungsrecht, 170; Sulliger, 86

26 ZBl 1979 357, 483; AGVE 1981 234; BVR 1982 53; RJN 1982 181; PVG 1983 63; RB 1984 129; Beyeler, 85; Hess, 44; Kilchenmann, 128; Ludwig, BlAR 1980 93; Ludwig, Baurecht 1980 6; Nef, 41

werde ein Generationenwechsel zum geeigneten Zeitpunkt begünstigt [27] und gleichzeitig der Landflucht entgegengesteuert [28]. Regelmässig würden die früheren Betriebsleiter im Rahmen ihrer Möglichkeiten (Alter, Gesundheit) [29] weiterhin wertvolle Dienste für die Bewirtschaftung des Hofes leisten, sei es mit täglichen Besorgungen [30], mit Ratschlägen [31], in Zeiten grosser Arbeitsbelastung (Ernte) [32] oder angesichts besonderer Umstände (Krankheit, Militärdienst) [33]. Umgekehrt werde damit ermöglicht, dass die jungen Bauern die Eltern im Falle von Krankheit oder Altersgebrechen pflegen könnten [34].

Eine Bewilligung von zusätzlichem Wohnraum für die abtretende Generation kommt raumplanungsrechtlich zwar nur in Betracht, wenn die früheren Betriebsleiter die Jahre ihrer aktiven Berufstätigkeit auf dem Hof verbracht haben [35] und zudem das gegenseitige Einvernehmen der Generationen [36] tatsächlich eine beidseitige Hilfeleistung erwarten lässt.

Zulässig ist die Erstellung einer derartigen Baute jedoch nur, wenn der Betrieb mindestens einer vollen Arbeitskraft und deren dauernder Anwesenheit bedarf sowie mit seinen Erträgen die Existenz sowohl dieser Person und ihrer Familie (vgl. Kap. 4.1. hievor) wie auch diejenige der alten Generation [37] sichert.

27 RJN 1982 181; EJPD/BRP, 219 f; Hess, 46; Hostettler, 11; Kilchenmann, 128; Zimmerlin, 297 f
28 ZBl 1979 357; AGVE 1981 235; RJN 1982 181; PVG 1983 63; Zimmerlin, 298; kritisch dagegen: Nef, 42
29 Kilchenmann, 128; Sulliger, 86
30 RB 1983 137
31 PVG 1983 63
32 ZBl 1979 357, 483; Kilchenmann, 128
33 RB 1983 137; PVG 1983 63; Kilchenmann, 128
34 RB 1983 137
35 Pra 1987 111; AGVE 1981 235; Zaugg, Kommentar, 415
36 ZBl 1979 483
37 ZBl 1979 357 mit kritischer Bemerkung von Hans Peter Moser in ZBl 1979 359; Hess, 44 ff; Weber, 10; Zimmerlin, 297

Sind diese Voraussetzungen erfüllt, ist zunächst abzuklären, ob nicht der bereits bestehende Wohnraum des Betriebs auch zur Unterbringung der Vorgänger genügt [38]. Zu beachten ist hier insbesondere, dass die weiteren Kinder der abtretenden Generation von der Betriebsübernahme an raumplanungsrechtlich nicht mehr zur Familie gerechnet werden dürfen, ist doch auf diejenige des neuen Betriebsleiters abzustellen; vielmehr haben sie, die Geschwister des jungen Landwirts, nur als weitere hauptberufliche Arbeitskräfte Anspruch auf Wohnraum im Betrieb (vgl. Kap. 4.1. hievor). Zuzumuten ist der alten Generation auch der Bezug von anderem freistehendem Wohnraum in der näheren Umgebung, sei es in der Landwirtschaftszone oder in der Bauzone [39].

Steht genügender Wohnraum nicht bereits zur Verfügung, ist solcher in erster Linie durch den Ausbau des bestehenden Bauernhauses oder durch einen Anbau an dasselbe zu schaffen [40]. Dabei haben die abtretenden Landwirte grundsätzlich Anspruch auf die Errichtung einer selbständigen Wohneinheit [41].

Wenn der Einbau zusätzlichen Wohnraums in bestehenden Gebäuden nicht möglich erscheint, stellt sich die Frage, ob der Bau eines Stöcklis, also einer eigenständigen Wohnbaute für die abtretende Generation, als zonenkonform bewilligt werden kann. Entgegen oft vertretener Ansicht, welche sich auf die Parlamentsberatungen zur ersten Vorlage des Raumplanungsgesetzes stützt [42], ist das Stöckli weder in der ganzen Schweiz noch in weiten Landesgegenden verbreitet. Eine bau- und kulturgeschicht-

---

38 BVR 1982 54

39 BGE 100 Ib 403; RJN 1982 181; Nef, 42

40 ZBl 1983 461; AGVE 1978 213, 1981 235; PVG 1982 79; RB 1984 129; Beyler, 85; Ludwig, BlAR 1980 93; Nef, 42; Weber, 9; Zimmerlin, 298

41 Beyeler, 85

42 Amtl.Bull.N 1974 100 (Votum Jaeger-SG), 106 (Votum Rippstein), 108 (Votum Bundesrat Furgler); Amtl.Bull.S 1973 116 (Voten Leu, Bodenmann und Knüsel), 118 (Votum Bundesrat Furgler), 119 (Voten Knüsel und Bundesrat Furgler); EJPD/BRP, 219 f

liche Tradition besitzt das Stöckli vielmehr nur in zwei eng begrenzten Räumen: Einerseits ist das Stöckli als freistehendes, in der Nähe des Hauptgebäudes liegendes, kleineres Wohnhaus im Mittelland, Emmental und Oberaargau des Kantons Bern [43] zu finden. In den übrigen Teilen des Kantons Bern, nämlich im Jura, im Seeland westlich der Linie Lyss-Aarberg sowie im Oberland südlich der Linie Riggisberg-Kiesen hat das Stöckli bereits keine Tradition mehr [44]. Andererseits ist das Stöckli im Kanton Obwalden [45] bekannt, dort aber mit einem Abstand von wenigen Metern und einer brückenartigen Verbindung zum Haupthaus. Stellt das Stöckli demnach einen eigentlichen Sonderfall dar und ist davon auszugehen, dass der Raumplanungsgesetzgeber keine neuen Wohnbaubedürfnisse in der Landwirtschaftszone schaffen wollte, ist mit der Literatur [46] dafür zu halten, dass eine ordentliche Baubewilligung zur Errichtung eines Stöcklis nur für die erwähnten Landesgegenden, in denen diese Baute traditionell verbreitet ist, erteilt werden darf.

In diesem Sinne entschied das Verwaltungsgericht des Kantons Neuenburg in seinem Urteil vom 22.Dezember 1982, das Stöckli sei in seinem Kanton unbekannt. Normalerweise würden Familie und Angestellte gemeinsam unter einem Dach wohnen. Sei dies nicht möglich, könne das Wohnen in der Bauzone, in deren Nähe die Bauernhöfe im Kanton Neuenburg regelmässig lägen, zugemutet werden (RJN 1982 181).

Widersprüchlich und im Ergebnis falsch erscheint dagegen ein Entscheid des Verwaltungsgerichts des Kantons Graubünden vom 25.August 1982. Obwohl das Gericht feststellte, es entspreche im Kanton Graubünden der Ueberlieferung, den Wohnraum für die

---

[43] Geiger/Weiss, 598; Laedrach, 14; Nef, 42; Weber, 4; Weiss, 201

[44] Geiger/Weiss, Karte 101; Kilchenmann, 128; Laedrach, 14; Weber, 4

[45] Pfisterer, Informationshefte BRP 4/82 5; Weber, 8; Weiss, 201

[46] Ludwig, BlAR 1980 93; Zimmerlin, 298

abtretende Generation in das bereits bestehende Wohngebäude zu integrieren, bewilligte es den Ausbau eines bestehenden Stallgebäudes zu einem Stöckli als zonenkonforme Baute mit der Begründung, ein Einbezug des Altenteils ins Wohngebäude sei mit verschiedenen Nachteilen verbunden (PVG 1982 79 f). Dieses Urteil erweckt aber nicht nur Bedenken, weil das Stöckli im Kanton Graubünden nicht traditionell verankert ist und es deshalb vorliegend nicht hätte im ordentlichen Verfahren bewilligt werden dürfen. Im weiteren erachtete nämlich das Gericht den räumlichen Zusammenhang zwischen dem Stöckli und den übrigen Betriebsgebäuden trotz einer dazwischen liegenden Distanz von 130 Metern als noch gewahrt (PVG 1982 81).

Dagegen muss ein Stöckli - der Tradition und seiner Zweckbestimmung entsprechend - in unmittelbarer Nähe der Wohn- und Oekonomiebauten erstellt werden [47]. Die Wahl des Standorts und der baulichen Gestaltung des Stöcklis müssen auf das Hauptgebäude abgestimmt sein. Hof und Stöckli haben eine Einheit zu bilden, die es erlaubt, den Betrieb auch vom Stöckli aus zu überwachen [48].

4.3. Wohnraum für die Landwirtschaft in Berg- und Randgebieten

Der Landwirtschaftszone wird nicht nur für die entsprechende Nutzung geeignetes Land (Art.16 Abs.1 Bst a RPG) zugewiesen, sondern auch relativ ungeeignetes Land, welches aber dennoch im Gesamtinteresse landwirtschaftlich genutzt werden soll (Art. 16 Abs.1 Bst b RPG; vgl. Kap. 2.1.a) hievor). Die Nutzung dieses Landes, welches in grösserem Umfange in Berg- und Randgebieten zur Landwirtschaftszone gehört, ist regelmässig aufwen-

---

47 ZBl 1983 461; AGVE 1981 235; RB 1983 137, 1984 130; Beyeler, 85; Hess, 46; Hostettler, 11 (nach bernischer Praxis in der Regel nicht mehr als 20 bis 40 Meter vom Bauernhaus entfernt); Ludwig, BlAR 1980 93; Weber, 9; Zimmerlin, 298

48 ZBl 1983 461; AGVE 1981 236; RB 1983 137, 1984 130; Beyeler, 85; Hess 46 f

dig und gleichzeitig wenig ertragreich. Die Bewirtschafter sind deshalb oft auf eine Nebentätigkeit ausserhalb der Landwirtschaft angewiesen, um existieren zu können. Besteht ein öffentliches Interesse an der Nutzung dieses Landes, so können für die Errichtung von Wohnbauten in diesen Gebieten die beschriebenen Massstäbe (vgl. Kap. 4.1. und 4.2. hievor) nicht in gleicher Strenge angewendet werden [49].

Immerhin darf in Gebieten gemäss Art.16 Abs.1 Bst b RPG landwirtschaftlicher Wohnraum nur neu erstellt werden, wenn der Bewirtschafter den grösseren Teil seiner Arbeitskraft im Landwirtschaftsbetrieb investiert, das Wohnen im Betrieb auch unter Berücksichtigung seiner Nebentätigkeit gesamthaft gesehen erhebliche Vorteile objektiver Art gegenüber dem Wohnen innerhalb der Bauzone bringt sowie wenn die Haupt- und die Nebentätigkeit zusammen dem Landwirten und den Mitgliedern seiner Familie eine genügende Existenz (vgl. Kap. 4.1. hievor) zu sichern vermögen [50].

Sofern ausserdem mit dem gesamten Einkommen auch deren Existenz gesichert wird, hat ebenfalls die abtretende Generation Anspruch auf Wohnraum auf dem Hof [51]. Stöcklibauten sind dagegen in Berg- und Randgebieten nicht zonenkonform, da ihre Errichtung hier nicht der Tradition entspricht (vgl. Kap. 4.2. hievor).

Nach diesen Grundsätzen kann ein Unterkunftsraum zu einem 2,45 Hektaren Wiesland umfassenden und auf 1550 Meter Höhe im Berggebiet der Gemeinde Maladers im Kanton Graubünden gelegenen Grundstück, auf dem ein hauptberuflich in Chur tätiger Angestellter nebenberuflich 25 Schafe hält, nicht zonenkonform sein. Zwar muss der Gesuchsteller täglich nach seiner Arbeit in Chur Wasser zur Tränkung der Schafe auf die 600 Meter über dem

---

49 Beyeler, 85; Ludwig, BlAR 1980 92; Zimmerlin, 297
50 BGE vom 1.Dezember 1982 i.S. Brosi, S.4 f; Zaugg, Kommentar, 415
51 Baumann/Gerber, KPG-Bulletin 3/81 26; Beyeler, 85

Dorf liegende Alp transportieren, doch ist ihm zuzumuten, am selben Abend wieder ins Dorf zurückzukehren, erfordern doch seine Schafe keine weitere Ueberwachung. Zudem muss er ohnehin morgens wiederum zur Arbeit nach Chur fahren. Da über die mangelnde Zonenkonformität der Baute unter den Parteien Einigkeit bestand, beurteilte das Bundesgericht den Fall in seinem Urteil vom 3.August 1982 unter dem Gesichtspunkt der Standortgebundenheit (BGE 108 Ib 130 ff) [52].

Einen Sonderfall stellt die Bewirtschaftung von Alpweiden zur Sömmerung des Viehs dar. In seinem Urteil vom 30.Januar 1976 - damals noch in Anwendung von Gewässerschutzrecht - hatte das Bundesgericht zu entscheiden, ob vier von verschiedenen Personen ohne Baubewilligung errichtete Alphütten auf 2000 Meter Höhe oberhalb des Lötschentals im Kanton Wallis abgebrochen werden sollten (BGE 102 Ib 64 ff). Drei der vier Hütten waren äusserst einfach eingerichtet und dienten der Sömmerung von kleinen Viehbeständen. Die ohne Einbezug der Eigenleistungen mit Baukosten von Fr.60'000.- wesentlich komfortabler ausgebaute vierte Hütte enthielt dagegen zwei Wohnungen, eine für die Unterkunft des für die Bewirtschaftung der Alp angestellten Hirten und die andere für Aufenthalte des in Bern lebenden Bruders des Gesuchstellers. Trotz Bedenken bezüglich der vierten Hütte erachtete das Bundesgericht sämtliche Bauten als standortgebunden, da für die ordnungsgemässe Bewirtschaftung ein längeres Verweilen der Bewirtschafter auf der Alp erforderlich sei und diese von den Wohngebieten fern abliege (BGE 102 Ib 70). Ein täglicher Auf- und Abstieg zur nächstgelegenen Alp oder in die nächstgelegene Ortschaft war in der Tat unzumutbar. Wäre der gleiche Sachverhalt heute aufgrund des Raumplanungsgesetzes zu beurteilen und würde die Alp in einer Landwirtschaftszone gemäss Art.16 RPG liegen, wäre zur Zonenkonformität dieser Wohnbauten aufgrund der genannten Kriterien folgendes zu sagen:

---

52 Vgl. den gleichentags vom Bundesgericht beurteilten Fall ZBl 1982 554 ff

Während der Sommermonate investieren die Bewirtschafter den grösseren Teil ihrer Arbeitskraft für die landwirtschaftliche Nutzung (vgl. Kap. 2.2. und 3.2. hievor) der Alp, während welcher Zeit das Wohnen für sie objektiv nur auf der Alp in Frage kommt und sie ihre eigene Existenz zu sichern vermögen. Allerdings sind die Wohnbauten angesichts ihrer Benützung während einer beschränkten Zeit des Jahres bescheiden auszugestalten. Zudem wäre zu prüfen, ob die Bewirtschaftung der gesamten Alp effektiv Unterkunftsmöglichkeiten für mehrere Personen in verschiedenen Hütten notwendig macht. Würde dies bejaht, wären die drei ersten Hütten als zonenkonform zu erachten. In der vierten Hütte könnte jedenfalls nur die der Bewirtschaftung der Alp dienende Wohnung bewilligt werden, welche zudem weniger grosszügig auszubauen wäre.

4.4. Gesetzgeberische Spielräume der Kantone

a) Umschreibung des Kreises der wohnraumberechtigten Personen

Zur bäuerlichen Bevölkerung, der Anspruch auf Wohnraum in der Landwirtschaftszone zukommt, gehören grundsätzlich nur hauptberuflich tätige Betriebsleiter, hauptberuflich tätige Hilfskräfte sowie deren Familien (vgl. Kap. 4.1. hievor). In Gebieten, in denen Land im Gesamtinteresse landwirtschaftlich genutzt werden soll, besteht dieser Anspruch auch für Betriebsleiter von Zuerwerbsbetrieben und deren Familien (vgl. Kap. 4.3. hievor).

Kantone, welche praktisch ausschliesslich über geeignetes Landwirtschaftsland im Sinne von Art.16 Abs.1 Bst a RPG verfügen, dürfen die Zulässigkeit landwirtschaftlicher Wohnbauten auf Haupterwerbsbetriebe beschränken. So haben im Kanton Genf (vgl. Kap. 2.1.c)bb) und 3.1. hievor) nur Baugesuchsteller Anspruch auf - in den Oekonomiebauten integrierten - Wohnraum in der Landwirtschaftszone, welche hauptberuflich in der Landwirtschaft tätig sind und deren ordentliches Einkommen aus dieser

Tätigkeit fliesst (Art.20 Abs.1 LCAT; im französischen Gesetzestext: "L'exploitation d'un domaine agricole (...) doit constituer l'activité principale et la source ordinaire des revenus de l'exploitant. L'habitation, qui doit être intégrée aux bâtiments nécessaires d'exploitation, n'est admise que si elle est inhérente à cette dernière."). Umgekehrt ist Kantonen, welche weitgehend nur über im Gesamtinteresse zu nutzendes Landwirtschaftsland verfügen, gestattet Wohnraum allgemein auch für Zuerwerbsbetriebe zu bewilligen (so Art.22 Abs.1 Bst b i.V.m. Art.20 Abs.1 BauV AR) [53].

Dagegen erscheint Art.22 Abs.1 Bst b BauV des Kantons Appenzell-Ausserrhoden bundesrechtswidrig, soweit er ebenfalls Nebenerwerbsbetrieben Wohnraumansprüche einräumt. Umsomehr ist den Kantonen von Bundesrechts wegen die Möglichkeit genommen, Wohnraum für die Freizeitbewirtschaftung in der Landwirtschaftszone vorzusehen [54].

Landwirtschaftliche Spezialbetriebe benötigen geeignetes Landwirtschaftsland [55], weshalb die Bestimmung von Art.26 BauV des Kantons Appenzell-Ausserrhoden, welche Wohnraum für den Betriebsleiter oder die Aufsichtperson und deren im gleichen Haushalt lebenden Familie für Gartenbaubetriebe nur dann als zonenkonform erachtet, wenn diese die Familienexistenz sichern, mit dem Bundesrecht in Einklang steht.

---

53 Gemäss der Eidgenössischen Landwirtschafts- und Gartenbauzählung 1980, Bern 1983, Tabelle 3, S.17 liegen in den Kantonen Basel-Stadt und Genf sämtliche Landwirtschaftsbetriebe im Talgebiet aufgrund der Standardgrenze des landwirtschaftlichen Produktionskatasters (Art.33 LwG; Art.3 V über den landwirtschaftlichen Produktionskataster und über die Abgrenzung des Berggebietes sowie der voralpinen Hügelzone vom 10.November 1971, SR 912.1), im Kanton Schaffhausen befindet sich ein einziger Betrieb im Berggebiet, in den Kantonen Aargau (1%) und Thurgau (1,8%) nur deren wenige. Demgegenüber gehören im Kanton Appenzell-Innerrhoden sämtliche Betriebe zum Berggebiet, im ebenfalls kleinen Kanton Appenzell-Ausserrhoden immerhin deren 94,2 Prozent.

54 BVR 1981 253 f, 1986 121; Ludwig, BlAR 1980 93

55 Darbellay/Chauvie/Widmann, Informationshefte BRP 3/82 9, 25

Fragwürdig erscheint dagegen Art.52 Abs.2 Bst b LATC des Kantons Waadt, welcher den <u>Gemeinden</u> die Kompetenz einräumt zu entscheiden, ob Wohnraum in der Landwirtschaftszone errichtet werden darf. Ein Gemeindereglement, das die Errichtung von Wohnbauten in der Landwirtschaftszone nicht zulässt, wäre nur dann bundesrechtskonform, wenn die Gemeinde über keine Landwirtschaftszone verfügt - zu denken ist an Stadtgemeinden - oder sich mögliche Betriebsstandorte in der Landwirtschaftszone in geringer Entfernung zur Bauzone befinden (vgl. Kap. 2.2. c)cc) und 4.1. hievor).

b) Wohnraum für die abtretende Generation

Mehr Gestaltungsmöglichkeiten eröffnen sich den Kantonen bezüglich der Regelung der Zulässigkeit des Baus von Wohnraum für die abtretende Generation, ist dieser doch weniger raumplanungsrechtlich als sozial begründet. Wollen sie nicht einfach die sich aus dem Bundesrecht ergebende Lösung (vgl. Kap. 4.2. hievor) bestätigen (so Art.23 Abs.2 Bst b BauG AI; Art.20 Abs.4 BauG SG, soweit eine zusätzliche Wohnung betreffend), sind sie frei, derartige Bauten wie der Kanton Appenzell-Ausserrhoden nur zu <u>Vollerwerbsbetrieben</u> bewilligen zu lassen, die eine Familienexistenz gewährleisten und deren abtretende Generation im Betrieb mitarbeitet (Art.20 Abs.2 BauV). Mit dieser Lösung wird die Zonenkonformität von Wohnraum für die abtretende Generation in Berg- und Randgebieten beschränkt (vgl. Kap. 4.3. hievor).

Die Errichtung eines <u>Stöcklis</u> darf in Kantonen, in denen diese Baute keine Tradition hat, nicht gestattet werden. Dies trifft auf die Kantone Appenzell-Ausserrhoden und St.Gallen [56] zu, deren Art.20 Abs.3 BauV bzw. Art.20 Abs.4 BauG insoweit als bundesrechtswidrig zu erachten sind. Ausdrücklich von der Zonenkonformität ausgenommen sind Stöcklibauten in den Kantonen Appenzell-Innerrhoden (Art.23 Abs.3 BauG) und Genf (Art.20 Abs.1 LCAT).

---

56 Nef, 41 f

Eine besondere Lösung sieht der Kanton Bern vor: Gemäss Art.81 Abs.2 BauG werden Baugesuche für zusätzlichen Wohnraum zur Erleichterung des Generationenwechsels formell auf dem Ausnahmeweg von Art.24 Abs.1 RPG behandelt. Zwar passt diese Lösung nicht ganz in die Systematik des Raumplanungsgesetzes, doch ist von Bundesrechts wegen gegen sie nichts einzuwenden, solange damit nicht mehr als der zonenkonforme Wohnraum für die abtretende Generation (vgl. Kap. 4.2. und 4.3. hievor) gewährt wird. Immerhin erteilt eine kantonale Behörde die Bewilligungen (Art. 25 Abs.2 RPG; Art.84 Abs.1 BauG BE).

c) Dimensionierung der Wohnbauten

Das Bundesrecht gibt der landwirtschaftlichen Bevölkerung grundsätzlich Anspruch auf zeitgemäss dimensionierte Wohnbauten [57]. Eine Ausnahme machen die Stöcklibauten, welche der Tradition entsprechend in bescheidener Grösse zu errichten sind [58].

Dementsprechend lassen die Kantone Appenzell-Innerrhoden (Art. 23 Abs.2 Bst b BauG) und Appenzell-Ausserrhoden (Art.35 Abs.4 EGzRPG) Bauten für die ausgewiesenen Wohnbedürfnisse der bäuerlichen Bevölkerung zu. Art.20 Abs.1 BauV AR versteht darunter zeitgemässen Wohnraum.

Der Kanton Graubünden sah in Art.12 des Entwurfes zu seiner Raumplanungsverordnung verbindliche Höchstmasse für landwirtschaftliche Wohnbauten vor. Wohnungen in dauernd bewohnten Bauten sollten nicht mehr als 150 Quadratmeter Bruttogeschossfläche aufweisen (Bst a), Wohnungen für die abtretende Betriebsleitergeneration höchstens 75 Quadratmeter (Bst b), Wohnraum in Maiensässbauten maximal 50 Quadratmeter (Bst c) und solcher in Stallkammern sollte 12 Quadratmeter nicht überschreiten (Bst d).

---

57   BVR 1982 54; Kilchenmann, 129; Schürmann, Bau- und Planungsrecht, 170

58   ZBl 1983 461; AGVE 1981 235; Hess, 47; Ludwig, BlAR 1980 93; Zimmerlin, 298

Solche Höchstmasse erscheinen dann zulässig, wenn sie die Erstellung des betriebsnotwendigen Wohnraums zu Landwirtschaftsbetrieben gewährleisten. Dabei dürfen sich die Kantone auf die Berücksichtigung objektiver Massstäbe beschränken. Grosse Familien müssen sich diesfalls mit Wohnraum begnügen, der auf die Betriebsgrösse und eine durchschnittliche Zahl von Familienmitgliedern ausgerichtet ist. Entsprechen 150 Quadratmeter Bruttogeschossfläche etwa dem landwirtschaftlichen Normalbedarf an Wohnraum eines mittelgrossen Landwirtschaftsbetriebes mit 13 - 16 Hektaren Nutzfläche bzw. 26 - 32 Grossvieheinheiten [59], so dürfte die Gewährung von 75 Quadratmeter Wohnraum für den Altenteil, was im Normalfall einer 3-Zimmerwohnung mit Küche und Bad entspricht, an der oberen Grenze des Zulässigen liegen. Wird in der bündner Praxis zudem je nach den familiären Verhältnissen eine Erweiterung der Betriebsleiterwohnung auf Kosten des Altenteils ermöglicht [60], waren die Werte von Art.12 Entwurf KRVO GR jedenfalls nicht zu niedrig angesetzt und wären deshalb in ihrer Eigenschaft als Höchstmasse im Einklang mit dem Bundesrecht gestanden.

d) Zweckänderungs- und Abparzellierungsverbote

Als einziger Kanton sieht St.Gallen in Art.20 Abs.4 BauG die Möglichkeit vor, in Bewilligungen für den Bau eines Stöcklis (vgl. Kap. 4.4.b) hievor) oder einer zusätzlichen Wohnung zur Erleichterung des Generationenwechsels ein Zweckänderungsverbot zu verfügen. Derartige Verbote sind bundesrechtlich zulässig, aber deshalb unnötig, weil die Nutzung landwirtschaftlicher Wohnbauten für nichtlandwirtschaftliche Zwecke wiederum der Bewilligungspflicht unterliegt. Solange dazu keine Ausnahmebewil-

---

[59] Anleitung für die Schätzung landwirtschaftlicher Heimwesen vom 18.Juni 1979, Anhang zur V über die Schätzung des landwirtschaftlichen Ertragswerts vom 28.Dezember 1951 (SR 211.412.123), S.39 f; Brändli, 113 f
[60] Brändli, 113

ligung im Sinne von Art.24 RPG vorliegt [61], ist es Sache der Baupolizeibehörden, für die Einhaltung der landwirtschaftlichen Nutzung zu sorgen. Die vorübergehende Vermietung von landwirtschaftlichem Wohnraum an Dritte zu Zeiten geringen betrieblichen Bedarfs stellt allerdings noch keine Zweckänderung dar [62].

In der gleichen Bestimmung hat der Kanton St.Gallen - wie auch der Kanton Appenzell-Ausserrhoden (Art.20 Abs.3 BauV) - vorgesehen, für den Fall der Bewilligung von Wohnraum für die abtretende Generation resp. von Stöcklibauten <u>Abparzellierungsverbote</u> zu verfügen und im Grundbuch anzumerken. Hier ist davon auszugehen, dass ein solches Verbot als Bestandteil der Rechtsbeziehung zwischen dem bewilligenden Gemeinwesen und dem Bewilligungsempfänger auch ohne ausdrückliche gesetzliche Grundlage verfügt werden kann [63]. Eine Anmerkung dieser öffentlich-rechtlichen Eigentumsbeschränkung im Grundbuch jedoch bedarf einer gesetzlichen Grundlage, welche zudem vom Bundesrat zu genehmigen ist (Art.962 ZGB). Wird das Verbot allerdings einmal verfügt, aber im Grundbuch nicht angemerkt, hat dies für einen allfälligen gutgläubigen Erwerber von Teilen des Grundstücks den schwerwiegenden Nachteil, dass er durch den fehlenden Eintrag im Grundbuch nicht geschützt wird [64]. Im Interesse der Rechtssicherheit und zur besseren Durchsetzung des Raumplanungsrechts ist deshalb ein <u>generelles Abparzellierungsverbot</u> vorzuziehen, welches sich für sämtliche landwirtschaftlichen Wohnbauten direkt aus dem Gesetz ergibt. So dürfen gemäss Art. 23 Abs.4 BauG des Kantons Appenzell-Innerrhoden Wohngebäude von einer landwirtschaftlichen Liegenschaft nicht abparzelliert

---

61 Aemisegger, Landwirtschaftliche Nutzung, 55; Zaugg, Kommentar, 418

62 BVR 1982 55; Baumann/Gerber, KPG-Bulletin 3/81 27; Zaugg, Kommentar, 415; daraus darf aber - im Gegensatz zu Brändli, 113 - nicht geschlossen werden, schon bei Bewilligungserteilung sei an die Ermöglichung einer vorübergehenden Vermietung an Dritte zu denken.

63 Gygi, Verwaltungsrecht, 292 f

64 BGE 111 Ia 183 und die dort zitierte Literatur

oder in Stockwerkeigentum aufgeteilt werden. Der Text von Art. 80 Abs.2 BauG des Kantons Bern bezieht sich dagegen nur auf das Verbot der Abparzellierung landwirtschaftlicher Wohngebäude von deren Hofliegenschaft, worin das Verbot der Bildung von Stockwerkeigentum enthalten ist (Art.943 Abs.1 Ziff.4 i.V.m. Art. 655 Abs.2 Ziff.4 ZGB) [65].

4.5. Zusammenfassung

Die Zonenkonformität von Wohnbauten in der Landwirtschaftszone beurteilt sich in erster Linie nach betrieblichen Gesichtspunkten. Anspruch auf Wohnraum haben in dieser Zone Personen, denen der in Frage stehende Betrieb einen vollen, der bodenabhängigen Bewirtschaftung dienenden Arbeitsplatz bietet, und deren dauernde Anwesenheit - gemessen an der gewählten Nutzungsart und an der Entfernung des Hofs von der nächstgelegenen Bauzone - betriebsnotwendig erscheint.

Neben diesen hauptberuflichen Landwirten steht auch deren Familien Wohnraum in der Landwirtschaftszone zu, soweit die Erträge des Betriebs deren wirtschaftliche Existenz zu sichern vermögen.

Die Bewilligung zusätzlichen Wohnraums für die abtretende Generation setzt voraus, dass die Vorgänger die Jahre ihrer aktiven Berufstätigkeit auf dem Hof verbracht haben und weiterhin im Betrieb mitarbeiten werden. Zudem müssen die Betriebserträge dazu ausreichen, auch deren wirtschaftliche Existenz sicherzustellen. Wohnraum für den Generationenwechsel ist mit einem Ausbau des bestehenden Bauernhauses zu schaffen. Die Erstellung eines Stöcklis in unmittelbarer Nähe zu den übrigen Gebäuden kommt dagegen nur in Betracht, wo ein Ausbau nicht möglich erscheint und zudem nur in Gegenden, in denen es eine bau- und kulturgeschichtliche Tradition aufweist.

---

65 Zaugg, Kommentar, 418

Diese Massstäbe gelten nicht in gleicher Strenge für Gebiete, welche im Gesamtinteresse landwirtschaftlich zu nutzen sind (Art.16 Abs.1 Bst b RPG). In diesen Berg- und Randgebieten ist das Wohnen bereits zulässig, wenn der Bewirtschafter den grösseren Teil seiner Arbeitskraft in den Landwirtschaftsbetrieb investiert (sog. Zuerwerbsbetrieb), das Wohnen in der Landwirtschaftszone gesamthaft gesehen erhebliche objektive Vorteile bringt sowie wenn Haupt- und Nebentätigkeit zusammen dem Landwirten und seiner Familie eine genügende Existenzgrundlage bieten.

Die Kantone dürfen in ihren Einführungsgesetzen zum Raumplanungsgesetz die Zulässigkeit landwirtschaftlicher Wohnbauten auf Haupterwerbsbetriebe beschränken, sofern sie weitgehend über geeignetes Landwirtschaftsland (Art.16 Abs.1 Bst a RPG) verfügen oder umgekehrt Wohnraum allgemein auch für Zuerwerbsbetriebe gestatten, wenn in ihrem Kantonsgebiet praktisch ausschliesslich Land im Gesamtinteresse zu bewirtschaften ist. In jedem Fall bundesrechtswidrig ist eine Ermöglichung von Wohnbauten zu Nebenerwerbs- oder Freizeitbetrieben.

Die Zonenkonformität von Wohnraum für die abtretende Generation darf von den Kantonen beschränkt und sogar ausgeschlossen werden. Die Errichtung von Stöcklibauten in Kantonen zu erlauben, in denen dieses keine Tradition hat, verstösst gegen Bundesrecht.

Den Kantonen steht ferner zu, für landwirtschaftliche Wohnbauten Höchstmasse festzulegen. Sinnvoll erscheint schliesslich die Statuierung eines generellen Abparzellierungsverbots für landwirtschaftliche Wohnbauten.

5. STANDORTGEBUNDENE BAUTEN

"Abweichend von Artikel 22 Absatz 2 Buchstabe a können Bewilligungen erteilt werden, Bauten und Anlagen zu errichten oder ihren Zweck zu ändern, wenn
a. der Zweck der Bauten und Anlagen einen Standort ausserhalb der Bauzonen erfordert und
b. keine wesentlichen Interessen entgegenstehen." (Art.24 Abs.1 RPG)

5.1. Nichtzonenkonforme Bauten

Landwirtschaftliche Bauten, die der bodenabhängigen Nutzung des Landes und den damit verbundenen Wohnbedürfnissen der bäuerlichen Bevölkerung dienen, erachtet das Raumplanungsgesetz als zonenkonform. Zu ihrer Errichtung bedarf es einzig einer ordentlichen Baubewilligung (Art.22 Abs.2 Bst a i.V.m. Art.16 Abs.1 RPG; vgl. Kap. 3 und 4 hievor).

Nichtlandwirtschaftliche Bauten dagegen dürfen in der Landwirtschaftszone grundsätzlich nicht erstellt werden. Dies gilt gerade auch für Bauten, welche zwar der Erzeugung landwirtschaftlicher Produkte dienen sollen, deren Zonenkonformität aber mangels genügender Bodenabhängigkeit nicht bejaht werden kann; sie sind als Gewerbe- oder Industriegebäude anzusehen und zu behandeln.

Der Gesetzgeber hat aber mit der Bestimmung von Art.24 Abs.1 RPG bewusst die Möglichkeit geschaffen, für bestimmte nichtzonenkonforme Bauten ausserhalb der Bauzone - und damit insbesondere in der Landwirtschaftszone - Ausnahmebewilligungen zu erteilen. Das Raumplanungsgesetz knüpft allerdings die Gewährung eines derartigen Ausnahmeerlaubnisses an die Erfüllung strenger Voraussetzungen:

Die Baute muss - positiv oder negativ - standortgebunden sein und in ihrem Raumangebot einem sachlichen Bedürfnis entsprechen. Zudem hat sich in einer Abwägung der Interessen für und wider die Baute herauszustellen, dass ihrer Erstellung keine wesentlichen Interessen entgegenstehen.

5.2. Der Begriff der Standortgebundenheit

a) Positive Standortgebundenheit

Eine Baute erscheint in der Landwirtschaftszone positiv standortgebunden, wenn sie sich nur an einem bestimmten Ort oder in einem örtlich eng umgrenzten Gebiet innerhalb dieser Zone verwirklichen lässt [1]. Verlangt ist also keine absolute Standortgebundenheit in dem Sinne, dass die Baute nur an einer ganz bestimmten Stelle errichtet werden kann [2]. Vielmehr genügt es bereits, wenn ihre Erstellung nur in der Landwirtschaftszone ernsthaft in Betracht zu ziehen ist; die Baute muss also zumindest relativ standortgebunden sein [3] (vgl. Kap. 5.3. hienach).

So müssen Sende- und Empfangsantennen zur Gewährung guter Empfangsqualität in genügender Höhe und an einer Stelle gebaut werden, in deren Umkreis keine landschaftlichen oder baulichen Hindernisse störend auf die Wellen einwirken [4]. In erster Linie aus technischen Gründen sind diese Bauten deshalb regelmässig absolut standortgebunden.

Letzteres gilt auch für Ausflugsrestaurants, für deren Errichtung an einem bestimmten Ort zunächst Gründe der Topographie sprechen. Soll das Gebäude nämlich seinen Zweck erfüllen, erscheint sein Bau einzig an einem bedeutenden Ausflugs- oder Aussichtsort möglich [5]. Dagegen kann jedes Passantenrestau-

---

1 ZBl 1984 369; RDAF 1983 212; LGVE 1984 III 323; PVG 1985 84; EJPD/BRP, 293 f; Vallender, 82; Zaugg, Kommentar, 424
2 BGE 99 Ib 156, 108 Ib 362
3 BGE 108 Ib 367; RDAF 1983 212; Beyeler, 87 f
4 Extraits 1982 85; GVP 1984 159; PVG 1985 85; vgl. BGE 112 Ib 71
5 ZBl 1982 268; Zimmerlin, 302

rant an mehr oder weniger beliebiger Stelle errichtet werden; es ist deshalb in der Landwirtschaftszone weder absolut noch relativ standortgebunden und ist in der Bauzone zu erstellen [6].

Aus Gründen der Bodenbeschaffenheit kann der Kiesabbau nur auf Grundstücken erfolgen, deren Kiesvorkommen für den in Aussicht genommenen Verwendungszweck geeignet sind und wo deren Ausbeutung technisch und wirtschaftlich möglich ist [7]. Dies trifft meist nicht nur auf einen einzigen Ort zu. Vielmehr eignen sich in einer bestimmten Gegend normalerweise verschiedene Stellen zum Abbau von Kies. Bauten und Anlagen, die zu diesem Zweck errichtet werden sollen, sind demnach nicht absolut, sondern relativ standortgebunden [8]. Kiesgruben sind regelmässig nicht nur in diesem Sinne positiv, sondern überdies auch negativ standortgebunden (vgl. Kap. 5.2.b) hienach).

In seinem Urteil vom 29.Januar 1986 befasste sich das Bundesgericht mit einem Baugesuch einer Stiftung für die Errichtung eines Resozialisations- und Rehabilitationsheimes für Obdachlose und Teilinvalide. Der Oekonomieteil der Siedlung sollte für die Bewirtschaftung einer Landfläche von 17 Hektaren nebst Ställen eine Käserei mit Käsekeller sowie Räume zur Holzbearbeitung enthalten. Der projektierte Wohntrakt sah für den Betriebsleiter und dessen Familie insgesamt vier Schlafräume und für die etwa fünfzigprozentig arbeitsfähigen Obdachlosen fünf weitere Schlafräume vor. Das Gericht bejahte die positive Standortgebundenheit des Vorhabens, da ihm ein durchdachtes geschlossenes Konzept zugrundeliege, welches entwurzelten Menschen in einer Grossfamilie Geborgenheit verschaffe und weil es die landwirtschaftliche Nutzung in den Dienst des Heilungsprozesses stelle. Entscheidend sei, dass die Landwirtschaft ernsthaft betrieben

---

[6] BGE 102 Ib 217; ZBl 1982 268

[7] BGE 103 Ib 59 f E.2c, 104 Ib 224 f E.4b, 108 Ib 367 (bezüglich Lehmabbau), 112 Ib 30 E.3; BVR 1986 449

[8] BGE 104 Ib 225 E.4b, 108 Ib 367, 112 Ib 32 E.bb; EJPD/BRP, 300

werde, was etwa für gewöhnliche Pflegeheime [9] gar nicht zur Diskussion stehe (BGE 112 Ib 102 f). Eine relative positive Standortgebundenheit kann demnach auch zu sozialtherapeutischen Zwecken gegeben sein.

Schliesslich stellt sich die Frage, ob Bauvorhaben aus betrieblichen Gründen in der Landwirtschaftszone positiv standortgebunden sein können. In seiner bisherigen Rechtsprechung bejahte das Bundesgericht oft eine Standortgebundenheit aus betriebswirtschaftlichen Gründen, aber immer nur für der landwirtschaftlichen Nutzung dienende Bauten, welche zwar ausserhalb der Bauzonen, aber ebenfalls nicht in einer Landwirtschaftszone lagen [10]. Dagegen hat das Bundesgericht die Standortgebundenheit einer Holzlagerhalle von 320 Quadratmetern Grundfläche zwecks Erweiterung einer beinahe fünfzig Jahre bestehenden und in der Landwirtschaftszone gelegenen Schreinerei deutlich verneint (BGE 108 Ib 363). Angesichts der Zonenkonformität landwirtschaftlicher Bauten bleibt für die Bejahung einer positiven Standortgebundenheit aus betriebswirtschaftlichen Gründen, soweit die Landwirtschaftszone betreffend, kein Raum mehr.

Ebenfalls keine Standortgebundenheit einer Baute vermögen persönliche und finanzielle Motive [11] zu begründen.

---

9   ZBl 1983 455

10 BGE 102 Ib 70, 103 Ib 112 E.2a, 108 Ib 133; ZBl 1979 311, 1982 556, 1984 80

11 BGE 100 Ib 403, 108 Ib 362 E.4a, 111 Ib 217; ZBl 1979 357, 1984 80; BVR 1983 473, 1984 201 E.2a; RDAF 1986 115; EJPD/BRP, 297; Ludwig, BlAR 1980 96; Ludwig, Baurecht 1980 7; Zaugg, Kommentar, 424; Zimmerlin, 300. Persönliche Zweckmässigkeit: BGE 102 Ib 79 f E.4b, 103 Ib 113 f; RDAF 1986 120. Persönliche und finanzielle Gründe: BGE 100 Ib 403, 103 Ib 119 f. Finanzielle Gründe: ZBl 1981 376; BVR 1984 202 E.2b; Informationshefte BRP 4/83 10. Eigentumsverhältnisse: BGE 101 Ib 305; ZBl 1986 459 f

b) Negative Standortgebundenheit

Ausser Bauten, die ihren Zweck nur in der Landwirtschaftszone erfüllen (vgl. Kap. 5.2.a) hievor), können auch Vorhaben in der Landwirtschaftszone standortgebunden sein, welche in der Bauzone nicht errichtet werden dürfen [12].

Massgebend für die Beurteilung der negativen Standortgebundenheit sind die für die Bauzone sowie für besondere Nutzungszonen im Sinne von Art.18 Abs.1 RPG [13] geltenden Bauvorschriften: Lassen diese eine Baute zu einem bestimmten Zweck generell nicht zu, so ist sie in der Landwirtschaftszone negativ standortgebunden. Nicht von Bedeutung ist in diesem Zusammenhang hingegen die Frage, ob in der Bauzone oder in einer besonderen Nutzungszone geeignetes Land für die Verwirklichung des Projekts effektiv verfügbar ist; trifft dies im Einzelfall nicht zu, kann die Verwirklichung der Baute nicht mittels Ausnahmebewilligung in der Landwirtschaftszone, sondern nur mit einer Aenderung des Zonenplanes und einer entsprechenden Vergrösserung der Bau- bzw. besonderen Nutzungszone ermöglicht werden [14].

Beispielsweise lassen die starken Lärm- und Staub-Immissionen, die mit dem Abbau von Kies verbunden sind, den Bau eines Kieswerks in der Bauzone, ausser etwa in einer reinen Industriezone, nicht zu [15, 16]. Der Kiesabbau lässt sich mit dem Wohnen

12 BGE 111 Ib 218, 112 Ib 49; ZBl 1984 369, 1985 533, 1986 459; BVR 1981 310, 1983 474, 1985 265, 1986 449; RDAF 1983 212; AGVE 1983 521; LGVE 1984 III 323; PVG 1985 84, 101; Informationshefte BRP 4/81 23, 4/83 10; EJPD/BRP, 295 f; Sulliger, 92; Vallender, 82; Zaugg, Kommentar, 424

13 BGE 108 Ib 366, 111 Ib 87, 112 Ib 28; ZBl 1984 370, 1985 533; BVR 1983 474, 1986 448; Informationshefte BRP 4/83 10; PVG 1985 101; EJPD/BRP, 296

14 Pra 1987 252; ZBl 1987 269; BVR 1983 475; Informationshefte BRP 4/81 23, 4/83 10

15 BGE 103 Ib 59 f, 104 Ib 224; ZBl 1985 533; BVR 1986 449; EJPD/BRP, 296; Pfammatter, 258

16 Vgl. auch BGE 99 Ib 157 f (Reparaturwerkstätte für Gesellschafts- und Lastwagen), AGVE 1983 506 (Motocross-Trainingspiste), PVG 1985 100 f (Kehrrichtdeponie)

und der gewerblichen Nutzung der Bauzone nicht vereinbaren. Er erscheint damit - mangels spezieller Nutzungszone - nicht nur oft positiv (vgl. Kap. 5.2.a) hievor), sondern auch negativ in der Landwirtschaftszone standortgebunden.

Nicht nur Lärmimmissionen, sondern auch Sicherheitsgründe machen die Erstellung einer oberirdischen [17] Schiessanlage in der Bauzone untragbar [18].

Negativ standortgebundene Bauten können ihren Zweck nicht nur an einer Stelle, sondern meist an einem beliebigen Ort erfüllen. Sie sind deshalb nie absolut, sondern immer relativ standortgebunden (vgl. Kap. 5.3. hienach).

c) Bedürfnisnachweis

Die positive oder negative Standortgebundenheit einer Baute darf allerdings nur unter der weiteren Voraussetzung bejaht werden, dass für die Errichtung der Baute, sowohl im Grundsatz wie auch im vorgesehenen Ausmass, ein sachliches Bedürfnis besteht.

Für Schiessanlagen umschreibt das Bundesrecht, an welchen Kriterien das sachliche Bedürfnis zu deren Erstellung zu messen ist: Gemäss Art.32 Abs.1 des Bundesgesetzes über die Militärorganisation vom 12.April 1907 (MO; SR 510.10) müssen die Gemeinden die Schiessanlagen für obligatorische und freiwillige Schiessübungen im Sinne von Art.124 f MO zur Verfügung stellen. Der Bau eines Schützenhauses und eines zugehörigen Scheibenstandes ist also dann zulässig, wenn ansonsten der Verpflichtung von Art.32 Abs.1 MO nicht nachgekommen werden kann. Die Zahl der Liegestellen und der Scheiben bemisst sich nach der Zahl der Schiesspflichtigen der betreffenden Gemeinde. Notwendig erscheint auch der Bau eines im Schützenhaus integrierten

---

[17] BVR 1981 310

[18] BGE 112 Ib 49; ZBl 1986 459; BVR 1981 310, 1985 265; Baurecht 1981 77; EJPD/BRP, 296; Pfammatter, 258; Sulliger, 92

Schiessbüros und allenfalls einer Toilette [19]. Dagegen entspricht der Bau von Schützenstuben mit Ausbildungs- und Warteräumen oder gar einer Küche keiner objektiven Notwendigkeit [20]; deren Standortbedingtheit ist deshalb mangels Bedürfnisses zu verneinen [21].

Die Standortbedingtheit von Kiesgruben und Ausflugsrestaurants setzt voraus, dass deren Ertragsfähigkeit langfristig gesichert erscheint [22]. Für deren Betrieb muss mit anderen Worten ein wirtschaftliches Bedürfnis nachgewiesen werden.

5.3. Entgegenstehende überwiegende Interessen

Wird die Standortgebundenheit eines Bauvorhabens bejaht (vgl. Kap. 5.2. hievor), ist zudem eine umfassende Abwägung der für und gegen das Projekt sprechenden privaten und öffentlichen Interessen [23] vorzunehmen (Art.24 Abs.1 Bst b RPG). Eine Ausnahmebewilligung gemäss Art.24 Abs.1 RPG kann erst erteilt werden, wenn sowohl die Standortgebundenheit der Baute wie auch das Fehlen entgegenstehender überwiegender Interessen feststeht: Die Voraussetzungen der Buchstaben a und b von Art.24 Abs.1 RPG müssen also kumulativ [24] erfüllt sein.

Ist ein Vorhaben absolut standortgebunden und sprechen keine überwiegenden Interessen gegen deren Erstellung, so ist für dessen Verwirklichung am gewählten Standort eine Ausnahmebewil-

---

19 BVR 1985 266
20 ZBl 1986 459 E.2b
21 ZBl 1986 459 f E.2c und e; fragwürdig dagegen: BVR 1985 266
22 BGE 112 Ib 31 f (Kiesgrube); AGVE 1984 704 (Tierheim)
23 Aemisegger, Leitfaden, 92; EJPD/BRP, 298; Ludwig, BlAR 1980 98; Ludwig, Baurecht 1980 8; Ramisberger, 276; Sulliger, 93; Zaugg, Kommentar, 429
24 BGE 108 Ib 363, 367, 110 Ib 265, 111 Ib 216, 112 Ib 39; ZBl 1983 454, 1984 77, 1985 533; RDAF 1983 211, 1986 115, 118; Aemisegger, Leitfaden, 91; EJPD/BRP, 293; Ludwig, BlAR 1980 96; Ramisberger, 275

ligung zu erteilen. Relativ standortgebundene Bauten können dagegen an der vorgesehenen Stelle nur errichtet werden, wenn sich ausserdem kein Alternativstandort mit den sich gegenüberstehenden Interessen besser vereinbaren lässt [25].

Die Interessenabwägung im Sinne von Art.24 Abs.1 Bst b RPG richtet sich massgeblich nach den Zielbestimmungen und den Planungsgrundsätzen von Art.1 und 3 RPG [26].

Eine bereits reichhaltige bundesgerichtliche Praxis zu Art.24 Abs.1 Bst b RPG besteht für die Beurteilung von Kiesgruben. An diesem Beispiel soll aufgezeigt werden, welche Gesichtspunkte für oder gegen den Bau eines standortgebundenen Projekts in der Landwirtschaftszone sprechen können. Für die Erstellung einer Kiesgrube sprechen etwa folgende Gründe:
- Das private Interesse des Gesuchstellers an der Weiterführung seines Unternehmens [27].
- Das öffentliche Interesse an einer ausreichenden Versorgung der Bevölkerung und der Wirtschaft mit dem Rohstoff Kies (Art.1 Abs.1 und Abs.2 Bst d, Art.3 Abs.3 Bst d und Abs.4 RPG) [28].
- Das öffentliche Interesse an einer Dezentralisation der Wirtschaft (Art.1 Abs.2 Bst c, Art.3 Abs.3 Bst d RPG) [29].

Gegen die Errichtung einer Kiesgrube können neben allfälligen privaten Interessen folgende öffentlichen Interessen sprechen:
- Gewässerschutz, insbesondere die Erhaltung einer genügenden schützenden Materialschicht über dem höchsten möglichen Grundwasserspiegel (Art.1 Abs.2 Bst a RPG; Art.32 Abs.2

---

25 BGE 108 Ib 367, 112 Ib 32, 121; ZBl 1982 268, 1984 371 oben, 1986 35; EJPD/BRP, 298 ff; Zimmerlin, 300
26 BGE 108 Ib 368, 111 Ib 88, 112 Ib 33; ZBl 1982 269, 1985 535; Aemisegger, Leitfaden, 92; EJPD/BRP, 299; Ludwig, BlAR 1980 98; Ludwig, Baurecht 1980 8; Ramisberger, 276 f; Sulliger, 94 f; Vallender, 84 f; Zaugg, Kommentar, 429
27 BGE 111 Ib 90 f, 112 Ib 30 f
28 BGE 103 Ib 59 E.2b, 104 Ib 224 E.4b, 111 Ib 90, 112 Ib 31 f
29 BGE 108 Ib 368 f, 371

GSchG) [30].
- Natur- und Landschaftsschutz mit Einschluss der Erhaltung von Erholungsräumen (Art.3 Abs.2 Bst d und Abs.4 Bst c RPG) [31].
- Erhaltung genügender Flächen geeigneten Kulturlandes, insbesondere von Fruchtfolgeflächen und melioriertem Land (Art.3 Abs.2 Bst a RPG) [32].
- Im Zusammenhang mit den Interessen des Landschaftsschutzes und der Landwirtschaft: Fragen des Abbauvorganges, der Wiederauffüllung und der Rekultivierung [33].
- Emissionen (Art.11 f USG) und Immissionen (Art.3 Abs.3 Bst b RPG; Art.13 ff USG) [34].
- Technische und rechtliche Probleme der Erschliessung und der Verkehrssicherheit [35].

Das Interesse für den Bau eines <u>Ausflugsrestaurants</u> kann nur dann überwiegen, wenn dieses an einem vielbesuchten Ausflugsort gelegen ist und wenn in erreichbarer Marschdistanz keine andere Verpflegungsmöglichkeit besteht. Nicht für, sondern gegen seine Verwirklichung spricht die Nähe von Naturschutzgebieten, die vor einem verstärkten Besucherandrang ja gerade verschont werden sollen [36].

Einer <u>Gemeinschaftsantenne</u>, welche nur einigen wenigen Haushalten dienen soll, stehen in jedem Fall überwiegende Interessen der Raumplanung entgegen [37].

Ein wesentlicher Stellenwert innerhalb der Interessenabwägung aufgrund Art.24 Abs.1 Bst b RPG muss auch dem <u>politischen Ent-</u>

---

30 BGE 103 Ib 59 E.2c, 104 Ib 224 E.4b, 108 Ib 369 f, 112 Ib 121

31 BGE 108 Ib 370 f, 111 Ib 89 f, 112 Ib 34 ff; ZBl 1985 534 f

32 BGE 112 Ib 36 f; ZBl 1985 534

33 BGE 112 Ib 36 f, 123

34 BGE 108 Ib 372, 112 Ib 37 f, 123 f; ZBl 1985 535

35 BGE 112 Ib 37 f, 122

36 ZBl 1982 269

37 Extraits 1982 85

scheid für eine bestimmte Zonenplanung zukommen. Die Erteilung einer Ausnahmebewilligung soll mit anderen Worten das Gleichgewicht der Ortsplanung nicht stören. Zu berücksichtigen ist hier auch eine allfällige präjudizielle Wirkung der Bewilligungserteilung [38].

Oft sprechen gerade diejenigen Gründe, welche eine negative Standortgebundenheit zu begründen vermögen, im Rahmen von Art.24 Abs.1 Bst b RPG gegen die Realisierung des Projektes (Bsp. Immissionen) [39].

5.4. Gesetzgeberische Spielräume der Kantone

a) Abschliessende bundesrechtliche Regelung ?

Art.24 Abs.1 RPG umschreibt die minimalen bundesrechtlichen Anforderungen an die Erteilung von Ausnahmebewilligungen für Bauten ausserhalb der Bauzone und damit insbesondere in der Landwirtschaftszone. In Uebereinstimmung mit den Zielbestimmungen und den Planungsgrundsätzen von Art.1 und 3 RPG dürfen die Kantone die Bewilligungsvoraussetzungen konkretisieren, differenzieren und auch verschärfen. Das kantonale Recht muss also mindestens gleich streng sein wie das Bundesrecht [40].

b) Kantonale Normen ohne selbständige Bedeutung

Bestimmungen des kantonalen Rechts, welche den Wortlaut oder den Sinn von Art.24 Abs.1 RPG ganz oder teilweise wiederholen (so Art.80 Abs.1 EGzRPG AR, Art.63 Abs.1 BauG AI, Art.81 Abs.1 BauG BE, Art.58 Abs.1 LATC FR, Art.24 Abs.2 Bst a LCAT GE, Art. 9a RPG GR, Art.45 Abs.1 LCAT NE, Art.81 Abs.2 LATC VD), haben gegenüber dem Bundesrecht keine selbständige Bedeutung [41].

38 BGE 112 Ib 104; ZBl 1985 268 f; Extraits 1982 85; EJPD/BRP, 299
39 BGE 112 Ib 37 f, 123 f; ZBl 1985 535; Baurecht 1981 77
40 BGE 111 Ib 88 E.3a; AGVE 1984 348 ff; Tschaggelar, 102
41 BGE 108 Ib 361 E.2; RDAF 1983 212 E.c

Dies gilt auch für Art.27 BauV des Kantons Appenzell-Ausserrhoden, der die Begriffe der positiven und negativen Standortgebundenheit ganz im Sinne des Bundesrechts umschreibt. Immerhin ist eine Formulierung gelungen, die sehr nützlich erscheint:
"Standortbedingt sind Bauten und Anlagen, die
a) wegen ihres sachlichen Zweckes auf eine bestimmte Lage ausserhalb der Bauzone angewiesen sind oder
b) wegen ihrer Auswirkungen weder innerhalb bestehender, in zumutbarer Distanz liegender Bauzonen noch in den vom kantonalen Recht vorgesehenen besonderen Nutzungszonen verwirklicht werden können."
Dabei betrifft Bst a die positive, Bst b die negative Standortgebundenheit.

c) Beispiele standortgebundener Bauten

Zwei Kantone versuchen in ihren Einführungserlassen zum Raumplanungsgesetz Beispiele standortgebundener Bauten zu nennen. Gemäss dem massgebenden französischen Text [42] von Art.58 Abs.1 LATC des Kantons Freiburg trifft dies namentlich ("notamment") zu für:

"a) les colonies de vacances;
b) les maisons de cure et de repos;
c) les remontées mécaniques, les stands de tir ou d'autres installations de sport et de délassement;
d) les restaurants et refuges de montagne;
e) les installations militaires et de protection civile;
f) les installations destinées à l'exploitation des gisements;
g) les installations d'énergie, d'approvisionnement en eau, de traitement des eaux et de télécommunication;
h) les installations nécessaires à l'exploitation des routes."

Vorsichtiger gefasst ist die Formulierung von Art.6 KRVO des Kantons Graubünden, der auflistet, welche Bauten "in der Regel" standortgebunden sind:

"a) landwirtschaftliche Bauten;
b) Bergstationen, Bergrestaurants, Hochgebirgsunterkünfte;
c) touristische Transportanlagen;
d) Zivilschutz- und Zollanlagen;
e) Verkehrs- und Versorgungsanlagen;

---

42 Art.21 Constitution du canton de Fribourg du 7 mai 1857 (SR 131.219)

f) Anlagen zur Gewinnung von Rohstoffen;
g) Anlagen zur Herstellung oder Lagerung gefährlicher Güter;
h) Schiessanlagen.
Ferienhäuser sind keine standortgebundenen Bauten."

Derartige Listen standortgebundener Bauten erwecken den Eindruck, für deren Erstellung seien die Voraussetzungen von Art. 24 Abs.1 Bst a RPG unabhängig von den konkreten Gegebenheiten des Einzelfalles erfüllt. Demgegenüber trifft vielmehr zu, dass jedes Bauvorhaben einzeln auf seine Standortgebundenheit hin zu prüfen ist, bevor - unter der weiteren Voraussetzung von Art.24 Abs.1 Bst b RPG - die Erteilung einer Ausnahmebewilligung in Frage kommt. Die Listen können deshalb bestenfalls Anhaltspunkte geben, für welche Objekte eine Prüfung ihrer Standortgebundenheit ernsthaft in Betracht zu ziehen ist.

Der freiburgische Text bezeichnet an erster Stelle Bauten als standortgebunden, die dies gemessen an den bundesrechtlichen Mindestanforderungen keinesfalls oder zumindest in aller Regel nicht sein können, so Ferienlager (Bst a) wie auch Kur- und Erholungsheime (Bst b). Die Bestimmung ist insoweit als bundesrechtswidrig zu erachten.

Gar keiner kantonalen Baubewilligung und damit auch keiner Ausnahmebewilligung im Sinne von Art.24 RPG bedürfen aufgrund Art. 164 Abs.3 des Bundesgesetzes über die Militärorganisation vom 12.April 1907 (SR 510.10) bzw. Art.1 Abs.1 des Bundesgesetzes über den Zivilschutz vom 23.März 1962 (SR 520.1) Militär- und Zivilschutzbauten [43]. Art.58 Abs.1 Bst e LATC FR und Art.6 Bst d KRVO GR widersprechen damit dem Bundesrecht.

Im übrigen betreffen die beiden kantonalen Normen die Standortgebundenheit von Bauten ausserhalb der Bauzonen im allgemeinen. Für die Landwirtschaftszone findet Art.6 Bst a KRVO GR aufgrund der Zonenkonformität landwirtschaftlicher Bauten keine Anwendung. Andere der genannten Bauten, wie etwa Hochgebirgsunterkünfte (Art.58 Abs.1 Bst d LATC FR und Art.6 Bst b KRVO GR)

---

[43] BGE 110 Ib 263; EJPD/BRP, 67

werden in einer bundesrechtskonform ausgeschiedenen Landwirtschaftszone (vgl. Kap. 2.1. hievor) nie projektiert.

d) Zusätzlicher Wohnraum zur Erhaltung landwirtschaftlicher Gewerbe

Art.81 Abs.2 des Baugesetzes des Kantons Bern bezeichnet als standortgebunden zusätzlichen Wohnraum zur Erhaltung oder Sanierung landwirtschaftlicher Gewerbe. Gemäss Art.99 Abs.1 BauV kann zu diesem Zweck höchstens eine Wohneinheit und nicht mehr als 150 Quadratmeter Bruttogeschossfläche bewilligt werden. Wohnbauten für die nichtlandwirtschaftliche Bevölkerung [44] sowie Ferienhäuser [45] sind eindeutig nicht auf einen Standort in der Landwirtschaftszone angewiesen. Ihre positive Standortgebundenheit lässt sich nicht mit dem einzigen Argument der Erhaltung landwirtschaftlicher Gewerbe (Art.1 Abs.2 Bst c und d RPG) begründen, fordert die Erreichung dieses Zieles doch Massnahmen des Landwirtschafts- und nicht des Raumplanungsrechts, welches gerade auf eine Trennung von Bau- und Nichtbaugebiet hin zu wirken hat (Art.31bis Abs.3 Bst b i.V.m. Art.22^{quater} Abs.1 BV; vgl. Kap. 1.2. hievor). Ebenfalls ist deren negative Standortgebundenheit zu verneinen, finden doch Wohnbauten ihren Platz gerade in Bauzonen [46], Ferienhäuser allenfalls stattdessen in besonderen Nutzungszonen [47].

Für die Bewilligung zusätzlichen Wohnraums zur Erhaltung landwirtschaftlicher Gewerbe über den zonenkonformen Wohnraum hinaus bleibt deshalb kein Raum. Art.81 Abs.2 BauG BE ist insofern

---

44 BGE 101 Ib 305; BVR 1981 254 E.3; RDAF 1983 213 E.e, 1986 115, 120; LGVE 1984 III 323; Informationshefte BRP 2/82 27 f

45 BGE 99 Ia 338, 108 Ib 133, 110 Ib 144 E.c, 265 E.4; ZBl 1979 311, 1982 556, 1984 80, 1986 456; EJPD/BRP, 298; Pfammatter, 258

46 BGE 101 Ib 305; ZBl 1979 311; LGVE 1984 III 323

47 BGE 108 Ib 133; ZBl 1982 556

mit Art.24 Abs.1 RPG nicht zu vereinbaren [48].

e) Standortgebundenheit von Bauten in Streubaugebieten

Besondere raumplanungsrechtliche Probleme bieten Gegenden mit traditioneller Streubauweise: insbesondere in bestimmten Berggebieten herrschen verstreute Einzelhäuser und zu Weilern geformte Häusergruppen vor [49]. Einerseits besteht hier das Bedürfnis nach einer Versorgung der Bevölkerung mit <u>lebensnotwendigen Gütern und Dienstleistungen</u>, welche Bauten nötig machen, die in der Landwirtschaftszone nicht zonenkonform sind (Bsp. Lebensmittelläden, Käsereien, Handwerksbetriebe) [50]. Andererseits erscheint die Ausscheidung von Bauzonen zur Ermöglichung einzelner Projekte unzweckmässig, lässt sich doch auf diese Weise keine sinnvolle Trennung von Baugebiet und Nichtbaugebiet erreichen [51]. So wurde im Kanton Bern die Möglichkeit der Schaffung von <u>Bauzonen für Einzelfälle</u> diskutiert, aber zurecht verworfen [52].

Die diesbezüglichen Probleme kleinerer Dörfer und Weiler dürfte eine <u>besondere Bauzone</u> im Sinne von Art.18 Abs.1 RPG, in welcher nur bestimmte Bauten zugelassen sind, lösen können [53]. So

---

[48] Vgl. denn auch die bereits in der Debatte des bernischen Kantonsparlaments vorgebrachten diesbezüglichen Bedenken: Tagblatt des Grossen Rates des Kantons Bern 1984 323 f; a.M.: EJPD/BRP, 295, allerdings nur bezüglich Streubaugebieten.

[49] Currat, Informationshefte BRP 4/84 17; EJPD/BRP, 203; Hostettler, 16 f; Zaugg, Kommentar, 427; Zaugg, KPG-Bulletin 4/81 27

[50] Currat, Informationshefte BRP 4/84 17; EJPD/BRP, 237, 295; Hostettler, 16; Ludwig, KPG-Bulletin 2/83 15; Zaugg, Kommentar, 426, 428

[51] Currat, Informationshefte BRP 4/84 17; EJPD/BRP, 203; Hostettler, 17; Zaugg, KPG-Bulletin 4/81 27

[52] Baumann/Gerber, KPG-Bulletin 3/81 28; Zaugg, KPG-Bulletin 4/81 28; vgl. Landsgemeinde-Mandat des Kantons Appenzell-Innerrhoden vom 28.April 1985, S.13 zu Art.63 Baugesetz

[53] EJPD/BRP, 235 ff

sieht der Kanton Freiburg ein sog. ländliches Siedlungsgebiet ("Périmètre d'habitat rural") vor (Art.53 LATC), welches nur wesentlich ländliche und abgelegene Gemeinden mit geringer Bevölkerung, die zudem der Landflucht unterworfen sind, vorsehen dürfen (Abs.2). Ausser landwirtschaftlichen Bauten sind in Dörfern solche für ständiges Wohnen, für den Kleinhandel, für das Gewerbe und für ähnliche Tätigkeiten (Abs.4), in Weilern nur solche für ständiges Wohnen gestattet (Abs.5) [54].

Zwei Kantone versuchen den Begriff der Standortgebundenheit für Streubaugebiete zu konkretisieren. Art.63 Abs.2 BauG des Kantons Appenzell-Innerrhoden sieht vor:

"Als standortgebunden gelten Bauten innerhalb von im kantonalen Richtplan bezeichneten Weilergebieten auch dann, wenn sie
a) der ansässigen Bevölkerung Wohnraum in ihrer angestammten Umgebung verschaffen;
b) der Sicherung einer bereits vorhandenen Versorgung mit notwendigen Gütern und Dienstleistungen des täglichen Bedarfs dienen."

Eine ähnliche Lösung trifft Art.82 BauG des Kantons Bern:

"1 In den traditionellen Streubaugebieten ohne wesentliches Wachstum (Art.98 Abs.1) gelten auch Bauvorhaben als standortgebunden, die den Zweck haben,
a der einheimischen Bevölkerung Raum für das dauernde Wohnen in ihrer angestammten Umgebung zu bieten;
b den im Gebiet dauernd hauptberuflich Tätigen Wohnraum in ihrem hauptsächlichen Tätigkeitsgebiet zu verschaffen;
c die Bevölkerung ausserhalb der Bauzone mit den notwendigen Gütern und Leistungen zu versorgen.
2 In Gebieten mit Stützpunkten dürfen die neuen Bauten in der Regel nicht ausserhalb eines Stützpunktes liegen. Unter "Stützpunkt" wird ein Siedlungsansatz verstanden, der im Regelfall aus einer Häusergruppe mit einem oder mehreren Dienstleistungsbetrieben besteht."

Gemäss Art.98 Abs.1 BauG BE bezeichnen die Regionen in Richtplänen die Streubaugebiete im Sinne von Art.82 BauG BE [55].

Diese beiden kantonalen Normen entsprechen den Zielbestimmungen und Planungsgrundsätzen des Raumplanungsgesetzes, soweit sie eine ausreichende Versorgung sichern (Art.1 Abs.2 Bst d, Art.3

---

54 Currat, Informationshefte BRP 4/84 17 f
55 Zaugg, Kommentar, 426 ff

Abs.3 Bst d RPG) und zu diesem Zweck auf eine Dezentralisation der Besiedlung und der Wirtschaft hinwirken (Art.1 Abs.2 Bst c RPG) [56].

So ist gegen die Standortgebundenheit von Bauvorhaben zur Sicherung des täglichen Bedarfs der Bevölkerung in Streubaugebieten (Art.63 Abs.2 Bst b BauG AI; Art.82 Abs.1 Bst c BauG BE) nichts einzuwenden. Notwendige Dienstleistungen erbringen ebenfalls hauptberuflich im Streubaugebiet Tätige, wie etwa Lehrer, von denen zu erwarten ist, dass sie ansässig werden (Art.82 Abs.1 Bst b BauG BE) [57].

Hingegen sind mit dem Bundesrecht nicht zu vereinbaren Art.63 Abs.2 Bst a BauG AI und Art.82 Abs.1 Bst a BauG BE, welche der einheimischen Bevölkerung im Streubaugebiet standortgebundenen Wohnraum ermöglichen wollen. Auf einen Standort in der Landwirtschaftszone können nur Wohnbauten angewiesen sein, für deren Erstellung ein sachliches Bedürfnis nachgewiesen ist (vgl. Kap. 5.2.c) hievor). Dieses kann vorliegen, wenn ohne zusätzlichen Wohnraum im Steubaugebiet eine Grundversorgung der Bevölkerung mit Gütern und Dienstleistungen nicht gewährleistet erscheint. Dagegen vermögen Personen, die mit dem gewünschten Standort einzig ihre Herkunft gemeinsam haben, den Nachweis eines sachlichen Bedürfnisses für die Erstellung einer Wohnbaute nicht zu erbringen.

Während der Kanton Appenzell-Innerrhoden standortgebundene Bauten nur in Weilern vorsieht [58], sollen nach der bernischen Regelung auch ausserhalb sog. Stützpunkte (Art.82 Abs.2 BauG BE), also ebenfalls in reinen Streubaugebieten, Ausnahmebewilligun-

---

56 EJPD/BRP, 295

57 Hostettler, 16; Ludwig, KPG-Bulletin 2/83 18; Zaugg, Kommentar, 428; Tagblatt des Grossen Rates des Kantons Bern 1984, Heft 1, Beilage 6 (Vortrag Baugesetz), S.13

58 Landsgemeinde-Mandat des Kantons Appenzell-Innerrhoden vom 28.April 1985, S.13 zu Art.63 Baugesetz

gen erteilt werden können [59]. Soll sich die vom Raumplanungsgesetz angestrebte Dezentralisation (Art.1 Abs.2 Bst c RPG) grundsätzlich auf Schwerpunkte (hier: Weiler bzw. Stützpunkte) konzentrieren, ist die Bewilligung neuer Streubauten unzulässig. In reinen Streubaugebieten hat sich somit eine Neubaute an bestehende Häuser anzufügen (vgl. Art.81 Abs.3 Bst a BauG BE und dazu Kap. 5.4.g) hienach) [60].

Problematisch erscheint die wenig demokratische Art der Festlegung der Weiler- und Streubaugebiete in kantonalen resp. regionalen Richtplänen (Art.63 Abs.2 BauG AI; Art.82 Abs.1 BauG BE), welche überdies im Gegensatz zu Nutzungsplänen nur verwaltungsverbindlichen Charakter haben (Art.9 Abs.1 RPG) [61]. Diesen Mängeln steht der Vorteil einer einheitlich gehandhabten Praxis durch die zuständige kantonale Bewilligungsbehörde gegenüber (Art.63 Abs.5 BauG AI bzw. Art.84 Abs.1 BauG BE i.V.m. Art.25 Abs.2 RPG).

Sollen sich Bauten für das Wohnen und die ausreichende Grundversorgung der Bevölkerung von Streubaugebieten auf <u>Weiler</u> begrenzen, so entspricht eine besondere Bauzone (Art.53 LATC FR) und damit ein Mittel der Nutzungsplanung den Vorstellungen des Bundesgesetzgebers besser als eine ausnahmerechtliche Lösung (Art.63 Abs.2 BauG AI). Beides dürfte sich aber innerhalb des den Kantonen zustehenden gesetzgeberischen Spielraums bewegen.

Verzichtet ein Kanton darauf, für Streubaugebiete eine besondere raumplanungsrechtliche Lösung vorzusehen, sei es im Sinne einer besonderen Bauzone oder einer Konkretisierung von Art.24 Abs.1 RPG, können Wohn- und Gewerbebauten nur im Rahmen von <u>Art.24 Abs.2 RPG</u> bewilligt werden [62]. Für entsprechende Neu-

---

59 Baumann/Gerber, KPG-Bulletin 3/81 28; Hostettler, 16 f; Ludwig, KPG-Bulletin 2/83 15, 18; Zaugg, Kommentar, 427; Zaugg, KPG-Bulletin 4/81 29

60 EJPD/BRP, 86; Ludwig, KPG-Bulletin 2/83 18

61 EJPD/BRP, 161, 164 ff; Ludwig, KPG-Bulletin 2/83 18; Tschannen, 337 ff

62 EJPD/BRP, 203, 237

bauten bleibt deshalb kein Raum, weil in der unterbliebenen Ausscheidung von Bauzonen ein politischer Entscheid gegen typischerweise in Bauzonen zu errichtende Baute zu sehen ist.

f) Ausschluss standortgebundener Bauten

Die Kantone dürfen eine Unterteilung der Landwirtschaftszone vornehmen, welche bestimmte Bereiche dieser Nutzungszone gegenüber der Ordnung des Raumplanungsgesetzes verstärkt schützt (vgl. Kap. 2.3.a) hievor). Will ein Kanton das vorrangige Kulturland in besonderem Masse erhalten, kann er in seinem Einführungsgesetz zum RPG vorsehen, dass in aller Regel dafür ein überwiegendes landwirtschaftliches Interesse im Sinne von Art. 24 Abs.1 Bst b RPG besteht (vgl. Kap. 2.3.b) hievor und Kap. 5.4.g) hienach). Die Kantone dürfen in diesen Vorranggebieten auch weiter gehen und sämtliche nichtlandwirtschaftlichen Bauten ausschliessen (so Art.20 Abs.2 LCAT GE und Art.32 Abs.2 RPG VS; dazu Kap. 2.3.b) hievor).

Der Kanton Basel-Stadt verbietet in seinen Landwirtschaftsgebieten die Bewilligung standortgebundener Bauten überhaupt (§ 47 Abs.1 i.V.m. § 48 Abs.1 HBG). Erscheint dies zulässig in einem Stadtkanton, der ohnehin nur über wenig Landwirtschaftsland verfügt, so steht das Bundesrecht dem generellen Ausschluss nichtlandwirtschaftlicher Bauten in Landwirtschaftszonen grösserer Kantone entgegen [63].

g) Entgegenstehende überwiegende Interessen

In ihren Raumplanungsgesetzen können die Kantone schliesslich verankern, welche einer standortgebundenen Baute entgegenstehenden Interessen im Rahmen von Art.24 Abs.1 Bst b RPG besonders gewichtet werden sollen.

Art.35 Abs.2 EGzRPG des Kantons Appenzell-Ausserrhoden will landwirtschaftliche Vorranggebiete langfristig und ungeschmä-

---

[63] AGVE 1984 348

lert der bodenabhängigen landwirtschaftlichen Nutzung erhalten (vgl. Kap. 2.3.b) und 5.4.f) hievor). Der Kanton Bern hebt die Interessen des Landschaftsschutzes und der baulichen Einordnung von Neubauten (Art.81 Abs.3 Bst a BauG), der Landwirtschaft (Bst b) und des wesentlichen öffentlichen Erschliessungsaufwandes (Bst c) hervor [64]. Im Kanton Genf sollen insbesondere der Natur- und Heimatschutz ("la protection de la nature et des sites") sowie die Erhaltung genügender landwirtschaftlicher Nutzflächen ("le maintien de la surface utile pour l'exploitation agricole") berücksichtigt werden (Art.24 Abs.2 Bst b LCAT).

5.5. Zusammenfassung

Nichtlandwirtschaftliche Bauten dürfen in der Landwirtschaftszone nur erstellt werden, wenn sie standortgebunden sind und ihrer Erstellung keine überwiegenden Interessen entgegenstehen (Art.24 Abs.1 RPG).

Technische Gründe, solche der Topographie oder der Bodenbeschaffenheit sowie sozialtherapeutische Zwecke können die Verwirklichung einer Baute an einem bestimmten Ort oder in einem örtlich eng umgrenzten Gebiet innerhalb der Landwirtschaftszone erfordern (sog. positive Standortgebundenheit). Persönliche, finanzielle und betriebliche Motive reichen dagegen zur Begründung der positiven Standortgebundenheit einer Baute nicht aus.

Ebenfalls können in der Landwirtschaftszone standortgebunden sein Bauten, die nach den für die Bauzone oder für besondere Nutzungszonen geltenden Bauvorschriften dort nicht erstellt werden dürfen (sog. negative Standortgebundenheit). Insbesondere starke Immissionen sowie die Beeinträchtigung der Sicherheit, welche von einer Baute ausgehen, können deren Erstellung in der Landwirtschaftszone nahelegen.

---

64 Ludwig, KPG-Bulletin 2/83 18

Sowohl die positive wie auch die negative Standortgebundenheit fordern nicht, dass eine Baute nur an einem einzigen Ort erstellt werden könnte. Verlangt ist also keine absolute, sondern eine relative Standortgebundenheit, die eine Verwirklichung des Vorhabens nur in der Landwirtschaftszone ernsthaft in Betracht kommen lässt.

Die Standortgebundenheit einer Baute darf nur bejaht werden, wenn ihre Errichtung, sowohl grundsätzlich wie auch im projektierten Ausmass, einem sachlichen Bedürfnis entspricht.

Eine Ausnahmebewilligung darf zudem erst nach einer umfassenden Abwägung der für und gegen das Projekt sprechenden privaten und öffentlichen Interessen erteilt werden. Die Interessenabwägung hat sich massgeblich an den Zielbestimmungen und den Planungsgrundsätzen von Art.1 und 3 RPG zu orientieren. Stehen dem Vorhaben überwiegende Interessen entgegen, ist der Bauabschlag zu erteilen. Im Falle der Beurteilung einer relativ standortgebundenen Baute kann die Bewilligungsbehörde stattdessen auch zum Ergebnis gelangen, dass diese nicht an der vorgesehenen, sondern nur an einer geeigneteren Stelle errichtet werden darf.

Die Kantone dürfen in ihren Einführungsgesetzen Art.24 Abs.1 RPG in Uebereinstimmung mit den Zielbestimmungen und den Planungsgrundsätzen des Raumplanungsgesetzes konkretisieren, wobei das kantonale Recht mindestens so streng wie das Bundesrecht sein muss.

Erhebliche Gestaltungsspielräume eröffnen sich dem kantonalen Gesetzgeber in drei Bereichen:

Sollen in Streubaugebieten über den Rahmen von Art.24 Abs.2 RPG hinaus Bauten für die Grundversorgung der dortigen Bevölkerung ermöglicht werden, kann der kantonale Gesetzgeber eine besondere Bauzone einführen oder eine Lösung über die Interpretation des Begriffs der Standortgebundenheit wählen.

In besonderen Landwirtschaftszonen, die das vorrangige Kulturland umfassen, können die Kantone standortgebundene Bauten beschränken und auch gänzlich ausschliessen.

Schliesslich steht ihnen zu, diejenigen Interessen zu bestimmen, denen im Rahmen der Abwägung von Art.24 Abs.1 Bst b RPG besonderes Gewicht zukommen soll.

Bundesrechtswidrig erweist sich dagegen insbesondere eine kantonale Norm, die eine Standortgebundenheit zusätzlichen Wohnraums zur Erhaltung landwirtschaftlicher Gewerbe ermöglicht. Ebensowenig kann Wohnraum für die einheimische Bevölkerung in Streubaugebieten ohne Nachweis eines sachlichen Bedürfnisses standortgebunden sein.

6. ERGEBNIS

- Art.22^{quater} Abs.1 BV erteilt dem Bund den Auftrag, die
Grundsätze des Raumplanungsrechts gesetzlich zu ordnen. Wichtigstes Ziel der Raumplanung bildet die Trennung von Bau- und
Nichtbaugebiet. Die Verfassung gibt dem Bund das Recht, in
diesem zentralsten Bereich und damit insbesondere über die
Zulässigkeit von Bauten in der Landwirtschaftszone abschliessend zu legiferieren. Das Raumplanungsgesetz lässt den Kantonen demgegenüber einige wesentliche gesetzgeberische Spielräume offen:

- Mit einer Unterteilung der Landwirtschaftszone können die
Kantone dem wertvollen oder dem für bestimmte landwirtschaftliche Nutzungen besonders geeigneten Kulturland einen verstärkten Schutz zukommen lassen. In landwirtschaftlichen Vorranggebieten können standortgebundene Bauten im Sinne von
Art.24 Abs.1 RPG beschränkt oder ausgeschlossen werden. In
Zonen für landwirtschaftliche Spezialkulturen können einzig
dem Zweck der Zone entsprechende Oekonomiebauten zugelassen
sein.

- Die kantonalen Gesetzgeber können sich dafür entscheiden,
landwirtschaftliche Oekonomiebauten nur für die berufsmässige, unter bestimmten Voraussetzungen gar nur für die hauptberufliche Landwirtschaft als in der Landwirtschaftszone zonenkonform zu erachten. Die Erstellung von Gewächshäusern kann
überdies mittels Normen zur Beschränkung von deren Dichte
oder Geschosszahl limitiert werden.

- Verfügt ein Kanton hauptsächlich über geeignetes Landwirtschaftsland im Sinne von Art.16 Abs.1 Bst a RPG, kann er
landwirtschaftliche Wohnbauten generell nur zu Haupterwerbszwecken zulassen. Umgekehrt steht Kantonen, deren Landwirtschaftszonen praktisch ausschliesslich im Gesamtinteresse zu
nutzendes Land im Sinne von Art.16 Abs.1 Bst b RPG umfassen
zu, Wohnraum allgemein auch für Zuerwerbszwecke zu gestatten.

Wohnraum für die abtretende Generation kann auf Vollerwerbsbetriebe beschränkt oder auch gänzlich von der Zonenkonformität ausgenommen werden. Für sämtliche landwirtschaftlichen Wohnbauten können die Kantone Abparzellierungsverbote vorsehen.

- Schliesslich dürfen die Kantone Art.24 Abs.1 RPG konkretisieren, doch muss das kantonale Recht mindestens so streng wie das Bundesrecht sein. Insbesondere steht den Kantonen die Regelung der Standortgebundenheit von Bauten der Grundversorgung in Streubaugebieten offen. Ebenso können sie näher bestimmen, wie die von Art.24 Abs.1 Bst b RPG vorgesehene Interessenabwägung erfolgen soll.

Sachregister

Abnahmevertrag 33, 62
Abparzellierungsverbot 96 f
Ackerbau 35, 42, 56 f, 65, 78 ff, 83 f
Antenne 100, 107
Anwesenheit, dauernde 78, 79 f
Arbeitskraft 78 f, 81 f, 85 f, 89
Ausbringfläche, s. Hofdüngerverwertung
Aussiedlung 53, 79 f, 84
Aufstockung, innere 63, 66
Bauzone (Art.15 RPG) 20, 23 f, 26, 45, 57, 70, 80 f, 86, 89, 93, 103 f, 112 f, 115
Bedürfnis:
- objektives 51, 55, 78, 89, 95
- sachliches 97, 105 f, 114
Berggebiet 18 f, 88 ff, 92 f, 112
Betriebskonzept, s. Nutzungsart
Betriebsleiter 79, 80 f, 91 f
Betriebsnotwendigkeit 52, 53 f, 64, 67 f, 72, 79 ff
Bewilligungsbehörde, kantonale (Art.25 Abs.2 RPG) 44, 94, 115
Boden: 30 ff, 57 f
- Beschaffenheit 52, 58, 62
- Lage 52, 58, 59, 62
- Fruchtbarkeit, langfristige 32, 35, 57 f, 60
- Produktionsfaktor:
- - primärer 30, 36, 41, 67, 69
- - unentbehrlicher 39 f
Bodenabhängigkeit 40 f, 57 ff, 67 ff, 74 ff, 78, 81, 83, 99
Düngergrossvieheinheit 62
Düngung, s.a. Hofdüngerverwertung 30 ff, 62
Erdbeere 68
Existenzgrundlage, genügende 83 f, 85, 89, 92 f
Familie, bäuerliche 81 ff, 89, 91 f, 95
Familiengarten 42, 45, 54
Ferienhaus 110, 111
Forstwirtschaft, s. Wald
Freizeitbewirtschaftung 53 f, 55, 92

Fruchtfolgefläche   24 f, 27, 107

Futtermittelbasis:
- genügende eigene   37 f, 43, 56 ff, 63 ff
- mögliche eigene   65 f

Gartenbau   36, 40, 42, 43, 45, 48, 54, 57, 65, 66 ff, 74 ff, 80 f, 92

Gemeindekompetenz   45, 93

Gemüsebau   36, 40 f, 45, 48, 57, 65, 66 ff, 77, 80 f

Generation, abtretende   84 ff, 89, 93 f, 94 ff

Gewerbebaute   38 f, 43 ff, 72 ff, 75 f, 99, 115

Graswirtschaft   35, 56, 65

Grossvieheinheit   59 f, 61, 95

Grundbuchanmerkung   64, 96

Grundsatzgesetzgebung   15 ff, 25

Haupterwerbsbetrieb   53, 55 f, 79, 81 ff, 86, 91 ff

Hilfskraft, hauptberufliche   79, 81, 91

Hofdüngerverwertung   32 ff, 56, 61 ff, 64, 66

Interessenabwägung (Art.24 Abs.1 Bst b RPG)   44, 47, 100, 105 ff, 116 f

Kantonale Gesetze:
- Appenzell-Ausserrhoden   42, 47 f, 55 f, 65, 66, 75 f, 92 f, 94, 96, 108, 116 f
- Appenzell-Innerrhoden   55, 65, 66, 75 f, 93 f, 96 f, 108, 113 ff
- Basel-Stadt   42, 48, 55, 116
- Bern   22 f, 42, 55, 65 f, 75, 94, 97, 108, 111 f, 113 ff, 117
- Freiburg   42 f, 44 f, 55, 108, 109 f, 113, 115
- Genf   25 f, 42, 48, 55 f, 91 f, 93, 108, 116 f
- Graubünden   49, 55, 94 f, 108, 109 f
- Neuenburg   29, 42, 55, 108
- St.Gallen   25, 30, 42, 55, 93, 95 f
- Uri   30, 45, 55
- Waadt   42, 45, 55, 93, 108
- Wallis   42, 48, 55, 116
- Zürich   30, 42

Kantonale Entscheide:
- Aargau   74, 78 f, 82 ff
- Baselland   54, 61, 70, 73, 81
- Bern   60 f, 68, 71 f
- Graubünden   87 f
- Neuenburg   83, 87
- St.Gallen   60
- Thurgau   58 f, 73 f
- Waadt   59 f

- Zürich 60, 71
Kiesgrube 36, 101, 103 f, 105, 106 f
Kulturlanderhaltung 16, 19 f, 23, 30, 43, 46 ff, 107, 116 f
Kulturraum 68 f, 71
Landwirtschaftliche Nutzung 30 ff, 35 ff, 42, 44 f, 51, 55, 91, 102
Landwirtschaftszone (Art.16 RPG): 18 ff
- geeignetes Land 18, 22 ff, 45, 47, 56, 88, 91 f
- Gesamtinteresse 18 f, 23 f, 27 f, 47, 56, 88 ff, 92
- Unterteilung 26 f, 45, 46 ff, 51, 55, 116 f
- Vorranggebiet, s. Unterteilung
Militärbaute 110
Nebenerwerbsbetrieb 53, 55 f, 89, 92
Nutzfläche, landwirtschaftliche 52 f, 57, 68, 70 f, 74, 78, 82, 95
Nutzungsart 52 f, 57 f, 69, 78, 80
Nutzungsbeschränkung 31 ff
Nutzungspflicht 30 f, 47
Nutzungszone, besondere (Art.18 RPG) 20 f, 28 f, 46, 103, 111, s.a. Landwirtschaftszone, Unterteilung 112 f, 115
Obstbau 36, 42, 48, 57, 65 f, 73 f, 76, 80
Oekonomiebaute:
- landwirtschaftliche 48, 51 ff
- nichtlandwirtschaftliche, s. Gewerbebaute
Pachtland 52 f, 62
Pflegeheim 101 f, 110
Planungsgrundsätze (Art.3 RPG) 19 f, 27 f, 106 ff, 113 f
Plastiktunnel 40, 67 f
Politischer Entscheid 44, 103, 107 f, 116
Rebbau 26 f, 36, 42, 48, 54, 57, 65 f, 73 f, 76, 80
Rebbaukataster 26 f, 48, 51, 74
Reitschule/-sportanlage 37, 40
Restaurant 100 f, 105, 107
Richtplan 113, 115
Rohstoffgewinnung, s.a. Kiesgrube 36, 40
Saatgutbau 36
Schiessanlage 104 f

Schreinerei   102

Schutzzone (Art.17 RPG)   20 f

Stallbaute   51, 56 ff, 63 ff, 101

Standortgebundenheit (Art.24 Abs.1 Bst a RPG):   19, 29, 44, 47,
- absolute   100 f, 104, 105
- negative   99, 101, 103 f, 108 f, 111
- positive   99, 100 ff, 104, 109, 111
- relative   100 ff, 104, 106

66, 73, 95 f, 99 ff

Standortwahl   88, 105 f

Stöckli   86 ff, 93, 94 ff

Stoffe, umweltgefährdende   32 ff, 36, 63

Streubaugebiet   112 ff

Tierhaltung: 35 ff, 42 f, 56 ff, 79 f
- Geflügel   35, 61 ff, 83
- Hirsche   37
- Kaninchen   35, 61, 63 f
- Pferde   35, 58 ff, 61
- Rinder   35, 58 f, 61, 62, 64, 79, 83 f, 90
- Schafe   35, 61, 63, 80, 89 f
- Schweine   35, 60 f, 62, 64, 83
- Ziegen   35, 61, 63
- weitere Tiere   35, 37, 41

Tierheim   37, 105

Tierpark   37, 40

Tierschutz   56, 63 f, 79

Treibhaus   40, 68 ff, 74 f, 80

Trennung von Bau- und Nichtbaugebiet   16 f, 19, 29, 43 f, 70, 112

Unproduktives Land   22

Verkaufsraum   72

Viehhandel   37 f

Wald   21 f, 27, 28 ff, 41, 57, 60

Wohnbaute:
- landwirtschaftliche   48, 78 ff
- nichtlandwirtschaftliche   81, 101, 111, 114, 115

Zielbestimmungen (Art.1 RPG)   20, 27 f, 106, 108, 111, 113 ff

Zonenkonformität (Art.22 Abs.2 Bst a RPG)   19, 29, 44, 47, 51 ff, 71, 78 ff, 90 f, 93, 99, 110

Zuerwerbsbetrieb   89, 91 f

Zweckänderungsverbot   64, 95 f